DR. LUCIANO JARAMILLO CÁRDENAS

Cartas a Dios

Vida®

La misión de Editorial Vida es ser la compañía líder en satisfacer las necesidades de las personas con recursos cuyo contenido glorifique al Señor Jesucristo y promueva principios bíblicos.

CARTAS A DIOS
Edición en español publicada por
Editorial Vida – 1999
Miami, Florida

ISBN 978-0-8297-6257-0

CATEGORÍA: Vida cristiana / General

IMPRESO EN ESTADOS UNIDOS DE AMÉRICA
PRINTED IN THE UNITED STATES OF AMERICA

Contenido

Introducción

La comunicación con Dios es parte vital de todas las religiones y ocupa un lugar preponderante en el ejercicio de la fe de todo creyente. Dos pilares fundamentales de la piedad y vida espiritual son la oración, y la revelación escrita que conocemos como Palabra de Dios, o libro de nuestra fe, la Biblia. La Biblia, en esencia, es el mensaje de Dios para la salvación del hombre. A través de la misma descubrimos la mente y el corazón de Dios, y se nos revelan su voluntad y pensamiento. Podemos pues identificar en este sagrado libro el mensaje de Dios para el hombre, que inicialmente se dio en forma oral, y luego, progresivamente, se puso por escrito, tomando diversas formas o géneros literarios. El género epistolar tiene un lugar importante en las Sagradas Escrituras; de hecho, toda la Biblia es una gran carta divina, en la que Dios nos cuenta sus grandes obras, nos comunica sus planes de salvación, nos enseña a orar, a reconocer su grandeza y a alabar su nombre, nos transmite sus orientaciones para vivir de acuerdo con su voluntad, y da respuesta a mil interrogantes que nos preocupan e inquietan.

Este libro *Cartas a Dios* se ha atrevido a seleccionar muchas de las respuestas que Dios, de una u otra forma, nos ha dejado en su Palabra sobre problemas, situaciones, interrogantes que acosan a la mayoría de los mortales; y las presenta en forma epistolar, tratando de ser lo más fiel posible al pensamiento divino, tal cual es trasmitido en su Revelación.

Pero, como en las cosas de Dios, no hay comunicación completa sin oración, todo el libro está sazonado de oración, en sus múltiples formas de alabanza, meditación reflexiva, petición o acción de gracias. Todas estas clases de oración sirven, como una especie de contra-respuesta del corresponsal de cada carta a la respuesta que Dios da a sus inquietudes. Campea, pues, en todo el libro una fluida dinámica de diálogo. Y así debe ser. Preguntamos a Dios, y Dios nos responde; y sus sabias respuestas, ilustradas y respaldadas por su Palabra, tienen eco en el corazón y en la vida de quienes las reciben. Son cartas con respuesta inmediata, en forma de oración de gratitud y alabanza, o de clamor de ayuda y auxilio del alma angustiada ante los males y problemas que la rodean.

Este libro, pues, pretende provocar un diálogo de los lectores con Dios; diálogo que cada lector puede iniciar en estas páginas, pero debe continuar en su vida. Es imposible llevar una vida cristiana regularmente adecuada, y cultivar una conveniente relación con nuestro Dios, sin practicar el maravilloso diálogo del espíritu que la oración y la Palabra ponen a nuestro alcance. El creyente, y de hecho todo ser racional, debe aprender a dialogar: escuchar y responder. Dialogar, no sólo con sus congéneres, los otros hombres y mujeres, sino de manera especial con su Creador. Él tiene las respuestas, porque él nos creó, él conoce el diseño de nuestra estructura material y física, pero sobre todo moral y espiritual. Él sabe cuál fue nuestro principio y cuál será nuestro fin; de dónde venimos y hacia dónde nos dirigimos. Nos interesa entonces conocer su pensamiento. Él tiene las respuestas que necesitamos y nos hace las preguntas vitales que debemos responder correctamente para vivir bien aquí y ahora, y continuar viviendo en la eternidad.

Oración y Palabra, preciosos regalos de Dios para mantenernos conectados con él: con su sabiduría y poder; con su misericordia y amor. Oración y Palabra, hilos conductores de la comunicación divina. Preguntamos a Dios, y él nos responde; y su respuesta es Revelación, Palabra divina, mensaje eterno de verdad. Y la comunicación se hace conversación, diálogo de oración, testimonio de reconocimiento, súplica y alabanza. No hay, ni habrá mejor técnica de comunicación que la que alientan la oración y la Palabra divina. Es comunicación instantánea e infalible, y de valor y poder infinitos, cuando la hacemos en el nombre del Hijo de Dios, y en el poder del Espíritu. A través de la oración sincera y ferviente, y de la lectura reflexiva y diligente de la Palabra podemos penetrar a la mente divina, escuchar la voz de Dios, y ponernos a tono con los deseos de su voluntad. La oración nos permite llegar al corazón mismo de Dios, para compartir nuestras cuitas y alegrías, nuestros triunfos y fracasos, nuestros logros e inquietudes. Y Dios responde. La oración debe ser siempre una comunicación de doble vía. Oración y Palabra la dupla formidable de la comunicación, para mantener la más fluida, amorosa y fructífera relación con nuestro Dios.

Esperamos pues que este libro sirva a muchos lectores para entrar en este diálogo maravilloso con su Creador. Que les sirva para expresar sus propias inquietudes y hacer sus propias preguntas a Dios. Que encuentren, en sus respuestas, solaz, luz y satisfacción, para bien de sus vidas. Y que las oraciones, súplicas y alabanzas al final de cada carta, interpreten sus propios sentimientos, deseos e inquietudes; y les sirvan para iniciar y continuar su propio diálogo con el Creador y Señor de sus vidas.

Con mucha simpatía y amor fraternales

Luciano Jaramillo Cárdenas
Miami, junio de 1999

I

Primera Carta

¹ Los cielos cuentan la gloria de Dios,
   el firmamento proclama la obra de sus manos.
² Un día comparte al otro la noticia,
   una noche a la otra se lo hace saber.
³ Sin palabras, sin lenguaje,
   sin una voz perceptible,
⁴ por toda la tierra resuena su eco,
   ¡sus palabras llegan hasta el fin del mundo!

Dios ha plantado en los cielos
   un pabellón para el sol.
⁵ Y éste, como novio que sale de la cámara nupcial,
   se apresta, cual atleta, a recorrer el camino.
⁶ Sale de un extremo de los cielos
   y, en su recorrido, llega al otro extremo,
   sin que nada se libre de su calor.

Salmo 19:1-6

I

¡Buenos días, Señor!

¡Querido Dios!:

Hoy he decidido levantarme temprano para gozar de las alegrías y bellezas de la naturaleza al despertar a la vida.

Quiero describirte mi experiencia, como un reconocimiento de tu gloria y poder.

Al abrir las ventanas de mi cuarto, todos mis sentidos reciben de lleno el testimonio de tu majestad y poder manifiestos en las maravillas de tu creación.

Mis ojos se llenan del espectáculo del amanecer que da paso lentamente a la luz del sol que asoma tímido en el horizonte, y va invadiendo progresivamente el firmamento con sus resplandores, hasta imponer el día.

Mis oídos se deleitan con la algarabía de los mil sonidos que saludan alegres el nuevo amanecer. Forman todos una sinfonía concertada de rumores vegetales, de ramas que se mecen al compás de la brisa matutina, gorjeos de aves que exhiben el ropaje multicolor de sus plumajes y cantan a la luz; y el apacible murmullo del arroyo, que se desliza juguetón, por la pradera.

Puedo también percibir los muchos olores que pueblan el ambiente. Todos ellos me hacen sentir que nace un nuevo día y se inician los trajines y vaivenes de la vida. Vienen de la naturaleza fragancias naturales que refrescan la mañana. Otros más ordinarios y prosaicos llegan del vecindario, olores de fogón recién encendido, para el primer alimento de la jornada.

El ruido y movimiento en las casas vecinas, me recuerdan que la gente se prepara para un nuevo día de trabajo: humo de fogón, olores de cocina tempranera, de pan fresco, aroma de café, que preparan a la gente para salir a luchar por la vida. Todo esto, Señor, que parece tan trivial y prosaico, tiene sentido y calor de vida. Me conmueve por la sencilla poesía que encierra. Me llena de alegría porque me recuerda que estoy vivo, y puedo disfrutar de los placeres sencillos del hogar, del trabajo, de la vida, del alimento que me sostiene, del sol que me alumbra, y de la naturaleza que tú creaste para tu gloria y para mi deleite.

Y, al contemplar y disfrutar el nuevo día, con sus luces, olores y sabores, siento que me renuevo interiormente. No resisto el impulso de elevar mis manos y mi corazón hacia ti, y expresarte desde lo más profundo de mi ser mis gracias y alabanzas.

¡Gracias, Señor, por la vida,
por el sol y la luz,
por la naturaleza;
por la hermosura de tu creación,
y la dulzura del hogar;
por el sueño reparador
y el despertar de los sentidos
al maravilloso espectáculo
de un nuevo día...!

Toda esta experiencia tempranera convoca a la oración y a la meditación: al reconocimiento de tu grandeza, majestad y poder; a la reflexión sobre el estado de mi vida delante de tus ojos, que todo lo penetran. Ante la grandiosa armonía de tu creación, debo pensar en si mi propia vida marcha armoniosa frente a tu ley y tu Palabra. Siento entonces unas ganas enormes de hablarte y preguntarte; de contarte de mí y escuchar de ti. De compartirte mis logros, fallas y frustraciones. De ponerte al tanto de mis planes y propósitos. De pedir tu opinión y reclamar tu orientación.

Y para este ejercicio de acercamiento a ti descubro, Señor, que no hay nada mejor que los instrumentos maravillosos que tú mismo nos diste para comunicarnos y hablar contigo: la oración y tu Palabra.

No cambio esta experiencia cotidiana por nada de este mundo. ¡Oración y Palabra! Las dos me ponen cada día a tono contigo y, a través de ti, con mis semejantes.

De seguro que ya te diste cuenta que desde que comencé a escribir este saludo, he estado orando. Voy ahora en busca de tu Libro, el que me dice la verdad y proyecta cada mañana mi jornada por el recto sendero de tu voluntad. Lo abro con gusto, para saludarte con el saludo de siempre: **¡BUENOS DÍAS, SEÑOR!**

Saludo matinal

¡Buenos días, Señor!
¡Muchas gracias, por permitirme amanecer!
Asomarme a tu creación, cada mañana.
Es como «darle cada día cuerda al corazón.»
El despertar y ser testigo del alba
me obliga a pensar.
A recordar que soy parte de tu universo.

Que, como al árbol del bosque
o la luz del sol,
Tú me creaste con un propósito.

La luz del amanecer, siempre la misma,
y siempre renovada,
me llena de interrogantes.
Me crea la impresión de que mi vida
camina siempre, por un camino de misterio.

Sin embargo,
Yo sé que está la vida por delante.
Que estás Tú.
Que tu luz, como la luz de cada amanecer,
«alumbrará siempre mi sendero.»
¡Así vale la pena vivir!

¡BUENOS DÍAS, SEÑOR..!

II

Carta sobre «el hombre»

¹ Oh SEÑOR, soberano nuestro,
   ¡qué imponente es tu nombre en toda la tierra!
   ¡Has puesto tu gloria sobre los cielos!

² Por causa de tus adversarios
   has hecho que brote la alabanza
de labios de los pequeñitos y de los niños de pecho,
   para silenciar al enemigo y al rebelde.

³ Cuando contemplo tus cielos,
   obra de tus dedos,
   la luna y las estrellas que allí fijaste,
⁴ me pregunto:
   «¿Qué es el hombre, para que en él pienses?
   ¿Qué es el ser humano, para que lo tomes
      en cuenta?»
⁵ Pues lo hiciste poco menor que un dios,
   y lo coronaste de gloria y de honra;
⁶ lo entronizaste sobre la obra de tus manos,
   ¡todo lo pusiste debajo de sus pies!
⁷ Todas las ovejas, todos los bueyes,
   todos los animales del campo,

[8] las aves del cielo, los peces del mar,
y todo lo que surca los senderos del mar.

[9] Oh SEÑOR, soberano nuestro,
¡qué imponente es tu nombre en toda la tierra!

Salmo 8:1-9

II

¿Qué es el ser humano?

Querido Dios:
Te voy a compartir una inquietud que me quema por dentro desde hace mucho tiempo. Podría decir, desde que comencé a tener uso de razón y a descubrirme como ser humano, con capacidades y potencialidades que no veía en otras especies de tu creación; como las de razonar y preguntar; de soñar utopías y construir mundos imaginarios ideales; y la de planificar para el futuro, con deseos inmensos de triunfar en la vida. Descubrí que me cautivaban los arreboles de la tarde y el despertar del día en la madrugada; que me deleitaban el murmullo de las fuentes, el trinar de las aves, la armonía visual de los paisajes y toda expresión de belleza artística, creada por el hombre.

Pero a pesar de haber remontado ya los años de la niñez y la juventud sigo descubriendo que me conmuevo con el dolor humano y disfruto compartiendo las alegrías y triunfos de mis semejantes. Me inspiran los ejemplos de bondad y virtud. Y hay de alguna manera aquí dentro de mí como un sexto sentido que me permite distinguir claramente el bien del mal; algo que nos hace diferentes a quienes pertenecemos a la raza humana.

Fue así, Señor, como comenzó a acosarme sin descanso y a taladrar sin darle tregua a mi conciencia la punzante inquietud sobre mi identidad: ¿Quién soy yo? ¿Cuál es mi propósito en la vida? Con el tiempo las preguntas se hicieron más filosóficas:

¿Qué es realmente el hombre, el ser humano? ¿Cuál es su esencia y propósito?

Comencé a buscar respuestas en los libros y en la gente. Algunos me dieron disertaciones tediosas y enredadas acerca de la «psiquis humana», o la composición de «alma y cuerpo», «forma y materia», según la concepción antropológica de los grandes pensadores griegos del pasado. Otros me pasearon por los filósofos modernos y me dejaron con más interrogantes que respuestas, sumido en lo que algunos de ellos llaman «la angustia existencial». No faltaron quienes me divirtieran con definiciones ingeniosas como aquella del acróstico:

HOMBRE: **H.** de hueso
         O. de oso, osamenta u osadía
         M. de mundo, de muerte
         B. de Babel o Babilonia
         R. de rosa o ramo
         E. de espíritu o encarnado

Por todo esto, me interesa mucho tu respuesta, porque observo que tú hablas a menudo del hombre y de la mujer, en ese libro que llamamos tu Palabra revelada: la Biblia.

Soy pues todo oídos.

Tu hijo inquieto y preguntón.

Respuesta de Dios:

Muy interesante tu pregunta, hijo inquieto y preguntón. Y muy ingeniosas algunas de las respuestas que te han dado. Todas pueden tener algo de verdad. Pero, ¡les falta..., les falta mucho!

Déjame decirte que esta misma pregunta se la han hecho casi todos los humanos, desde que yo los creé y los lancé a conquistar mi creación para su bien y provecho. Y es verdad, como tú lo dices, que hay mucha información y orientación sobre el tema, en mi libro santo.

El que fuera rey, profeta y cantor de mis glorias, David, me hace exactamente la misma pregunta tuya; déjame trascribírtela en una de las más recientes versiones de la Biblia que algunos siervos míos han hecho últimamente:

«¿Quién es el hombre, para que en él pienses?
¿Qué es el ser humano, para que lo tomes en cuenta?»
Salmo 8:4 NVI

Mi siervo Job, al que le tocó pasar por todas las buenas y las malas, se hace también la misma pregunta:

«¿Qué es el hombre, que le das tanta importancia,
que tanta atención le concedes,
que cada mañana lo examinas
y a toda hora lo pones a prueba?»
Job 7:17

En estos textos, si pones buena atención, comenzarás a descubrir mi respuesta. Qué clase de opinión tengo yo por el ser humano. Es en verdad, entre todos lo seres de mi creación el preferido, el mimado, a quien he dedicado lo mejor de mi atención; en el que he encarnado buena parte de mis propias prerrogativas y virtudes. Por algo, en diálogo solemne, con las otras personas divinas de la Trinidad, cuando decidimos hacer al hombre, lo hicimos «a imagen y semejanza nuestra». Y eso es bastante decir, pues significa que el ser humano tiene algo de la misma naturaleza divina incrustada en su ser. No te sorprendas pues, hijo, de que sientas admiración, emoción, gratitud, por todo lo bello, lo justo, lo limpio, lo noble y hermoso que te rodea en ese mundo, por otra parte tan lleno de miserias y bajezas. Es que en tu ser llevas la impronta de lo divino, de mi gracia y de mi amor, como obra que eres de mis manos.

De seguro que, junto a los anhelos de grandeza y de virtud, has sentido también los jalones de la tentación y del pecado, que por desgracia se introdujo en mi creación y en la misma naturaleza humana, por acción de mi enemigo, el Maligno. Este se aprovecha porque sabe, que después de que tus primeros padres le dieron entrada, tiene cierto poder para arrastrarlos al mal, en contra de mi voluntad y de mis mandamientos. Y esta contradicción y lucha interior entre el bien y el mal es la que todos lo seres humanos deben resolver. Esto no lo conseguirán sin el auxilio de mi gracia. Esta les permitirá no sólo vencer el mal con el bien, como dice mi siervo Pablo (Romanos 12:21), sino redescubrir su auténtica naturaleza; la nueva naturaleza redimida y restaurada por acción de mi Hijo Jesucristo, quien se encarnó, como uno de ustedes precisamente para darles ese poder restaurador de mi gracia. Con ella tendrás poder para vencer las tentaciones, derrotar al Enemigo, y destruir el pecado.

El resultado de este encuentro restaurador con mi Hijo, a quien yo mismo di el nombre de Jesucristo, y envié a la tierra como el Salvador del mundo, es lo que llama mi siervo Pablo de Tarso: «el hombre nuevo, o la nueva creación o la nueva naturaleza.»

«Por tanto, si alguno está en Cristo,
      es una nueva creación.
¡Lo viejo ha pasado, ha llegado ya lo nuevo!»
                              2 Corintios 5:17

Este dilema de escoger entre el bien y el mal, seguir el camino de la virtud o del vicio, lo tienen que enfrentar todos, inclusive los más santos y virtuosos, como un muy reconocido filósofo y teólogo, que escribió cosas muy bellas de mí y de mi Hijo, Agustín de Hipona, quien pasó por mil angustias del espíritu, después de haber probado todos los placeres pecaminosos, hasta llegar al punto de tener que preguntarse: «¿Qué soy yo, ángel o demonio? ¡Cada día me hago cuestión de mí mismo!» Agustín resolvió su problema vital, buscándome y encontrándome. Y en su libro de las Confesiones, dejó este testimonio aleccionador, que te va a dar pistas para ir completando la respuesta que buscas: «¡Nos hiciste, Señor, para tí, y nuestro corazón estará inquieto hasta descansar en tí!» Claro está que vas a encontrar muchas respuestas, que por desgracia, no serán suficientes. Un científico, utilizando sólo sus ojos, sus libros y sus aparatos tratará de responder a tu pregunta, con algo como que «el hombre es una especie zoológica que aparece a finales del Terciario; todavía no se ha extinguido y en lo sucesivo dará mucho de qué hablar».

Jeremías, uno de mis mejores profetas, no está de acuerdo con esta definición y reconoce que, aún antes de nacer, Alguien que contribuyó a la formación del hombre, ya tenía sus planes con él.

«Antes de formarte en el vientre,
ya te había elegido;
antes de que nacieras,
ya te había apartado...»

Jeremías 1:4-5

El asunto del origen del hombre, que tiene que ver mucho con su naturaleza, se remonta, pues, a unas cuantas épocas atrás en la historia. Para ser más exacto, a los albores mismos de la creación. No se trata pues de un «aparecido.» Nada de generación espontánea, ni evolución de especies, que por saltos, lo fue produciendo por etapas. El hombre, hijo, tiene Padre, tiene prosapia divina, viene de muy alto, procede de mí, su Dios y creador. De ahí su autoridad, belleza, nobleza y grandeza.

«Pues yo lo hice poco menos que un dios.»

Lo coroné de gloria y de honra
lo entronicé sobre la obra de mis manos
¡todo lo puse abajo de sus pies!»

Salmo 8:5-6

Ya sé que me puedes argüir: «Pero ¿es verdad que somos tan grandes, tan fuertes e importantes? ¿Y Job? ¿Qué hacemos con Job, el hombre que después de ser rico y poderoso, cayó postrado, enfermo, humillado, reducido al desespero y a la impotencia? ¿Qué hacemos con su lamento, fiel retrato de su debilidad y miseria?»

«No tengo la dureza de la roca,
ni la consistencia del bronce.
No puedo valerme por mí mismo,
ni cuento, con ningún apoyo...»

Job 6:12

No, hijo. Lo que pasa es que —como dice uno de tus poetas «el hombre es como una caña: una caña que piensa.» Y su pensamiento le sirve precisamente para darse cuenta de su fragilidad. Y yo diría que es allí donde reside precisamente su grandeza. Grandeza paradójica, si quieres, de quien sabe que viene de muy alto, y puede llegar muy alto, pero es a la vez consciente de su extrema pequeñez. Que es grandeza y miseria fundidas; capaz de remontarse a las más altas cimas de virtud; pero también, de precipitarse a las simas del pecado y del vicio.

Mi Hijo expresó esta realidad con un hermoso ejemplo sacado de la misma realidad humana: «La mujer que está para dar a luz siente dolores porque ha llegado su momento, pero en cuanto nace la criatura se olvida de su angustia por la alegría de haber traído al mundo un nuevo ser» (Juan 16:21). Sí, se goza la madre de que le haya llegado un hijo, pero siente de inmediato la obligación de inclinarse sobre el fruto de su vientre, llena de ternura, yo diría de anticipada compasión por la nueva criatura a quien le espera un largo camino de rosas y de espinas.

Entonces, ¿qué es el hombre? Y sigue la feria de respuestas. Ciencias, filosofías y culturas hacen cola para aportar sus luces. Y yo que soy más antiguo que todas las civilizaciones y culturas las he escuchado todas:

El hombre es un animal racional.

El hombre es un bípedo, (carnívoro a veces), pero que piensa.

El hombre es un animal político, religioso, capaz de reír, de sorprenderse, de construir sociedades, de robar el fuego a los dioses, de contemplarse por dentro, hasta de engañarse a sí mismo.

El hombre es un ser que crea proyectos, utensilios, promesas, mecanismos, sistemas, relojes, cohetes, costumbres, interrogaciones.

Todas las ciencias como constelaciones marcan la órbita de su recorrido alrededor del hombre para decirnos lo que de él piensan.

La lógica se ocupa de su facultad cognoscitiva.

La moral, de su vida ética, de sus costumbres.

La anatomía, de su cuerpo.

La gramática, de su lenguaje.

La sociología, de su vida de relación.

Y la astronomía nos señala las distancias y relaciones de otros lugares, estrellas y planetas con la tierra, habitación del hombre.

La historia inclusive no existe sin él. Por eso cuando se ve su rastro en los siglos recibe el nombre de pre-historia.

Pero surge la contradicción. ¿Por qué, si el hombre está en el centro, ese oscilar entre derecha e izquierda, ese continuo descontento, que tú mismo, hijo, muestras en tus preguntas? ¿Por qué su corazón falto de sosiego? ¿Por qué el hombre grita en labios de Job que está cansado de vivir? (Job 9:21).

Es curioso, hijo, porque yo los hice a ustedes los hombres, como los únicos seres con autonomía para organizar y dominar mi creación. Los únicos que no están limitados por sus propias fronteras. El ser humano es el único ser que no coincide consigo mismo. Rebasa su marco por arriba y abajo: por la santidad y la abyección. Y por los costados: por los recuerdos y los temores. Es el ser que vive en la frontera de todas las posibilidades, sin sosiego, entre la sangre y el espíritu; sin patria fija, colgado entre la eternidad y el tiempo, pegado al polvo de la tierra, pero soñando con un cielo cubierto de estrellas.

Tú, hijo, como todos tus congéneres, en uno u otro momento de tu existencia, aunque te sientes mortal, hijo de mortales, hombre, hijo de hombre y mujer, no puedes disimular tus añoranzas de eternidad, ni negar tu origen último que soy yo mismo. Por eso, Jesucristo, mi Hijo, les dejó una fórmula muy sencilla para recobrar esa dimensión de filiación divina, dirigiéndose a mí, como «Padre, que estás en los cielos...»

Pablo, conocedor como el más del corazón humano, sentía esa especie de dualidad en su propio ser, cuando escribió:

«Yo sé que en mí, es decir en mi naturaleza pecaminosa, nada bueno habita. Aunque deseo hacer lo bueno, no soy capaz de hacerlo. De hecho, no hago el bien que quiero, sino el mal que no quiero... Así que descubro esta ley: que cuando quiero hacer el bien, me acompaña el mal. Porque en lo íntimo de mi ser me deleito en la ley de Dios, pero me doy cuenta de que en los miembros de mi cuerpo hay otra ley, que es la ley del pecado...» (Romanos 7:18-23).

Y escucha esta conclusión del Apóstol: «¡Soy un pobre miserable! ¿Quién me librará de este cuerpo mortal?» (Romanos 7:24). Pablo halló la respuesta; la única que existe; la respuesta salvadora, que resuelve la terrible dicotomía de un hombre perdido e impotente para salvarse por sí mismo; imposibilitado para reconstruir en su naturaleza divìdida, la imagen divina que un día yo, como creador, incrusté en su ser. Este es el grito liberador de Pablo:

«¡Gracias a Dios, por medio de Jesucristo nuestro Señor!» (Romanos 7:25)

¿Ya vas descubriendo, hijo, lo que realmente es el hombre? Dos en uno. Dos es su número: carne y espíritu, tiempo y eternidad, verdad y mentira, virtud y vicio, pecado y redención, caída y salvación.

¿Paradojas estériles, que te dejan una vez más sumido en la perplejidad? No, si encuentras el camino correcto para resolverlas. Como hemos visto, Pablo, el orgulloso fariseo e inquieto perseguidor de los seguidores de mi Hijo, lo encontró en el camino de Damasco, y resolvió su perplejidad. «En conclusión, con la mente yo mismo me someto a la ley de Dios, aunque mi naturaleza pecaminosa está sujeta a la ley del pecado» (Romanos 7:25). Pero... «Todo lo puedo en Cristo que me fortalece» (Filipenses 4:13).

Job también resolvió el crucigrama de contradicciones. En sus ratos de calma, mientras se secaba sus heridas, llegó a esta sencilla conclusión: ¿Qué es el hombre? Ni Dios, ni Demonio...Imagen de Dios. A la misma conclusión llegó el salmista: el hombre es «poco menos que un dios» (Salmo 8:5). ¡No, el hombre no es Dios! Es casi como un dios, poco menos que los ángeles, parecido a Dios mismo. (Génesis 1:27). Por consiguiente, la mitad de las respuestas acerca del hombre, las demasiado presuntuosas y optimistas son falsas y quedan excluidas. Aunque creados a mi imagen y semejanza, vosotros los hombres no sois dioses. Sois mi imagen. Eso es todo; pero es bastante.

La otra mitad de las respuestas las desesperadas y pesimistas quedan también viciadas de nulidad: el hombre no es una pasión inútil; no es un mero número; no es una página doliente de un libro trágico que debe doblarse para comenzar con lo que sigue; ni siquiera es un capítulo ilustrado de la biología o de la antropología. ¡No!, la auténtica realidad del hombre, el hombre verdadero está en Dios; en su Palabra; en su Hijo, mi Hijo Jesucristo, el verdadero Hombre. Tenía toda razón Pilato cuando presentó a mi Hijo a la multitud: «¡Aquí tienen al hombre!» dijo (Juan 19:5). Jesucristo, mi Hijo, es el prototipo de hombre completo, restaurado, reconstruido por mi gracia, recreado, según mi voluntad y mis propósitos.

Buscas una respuesta, un modelo para imitar, una persona que satisfaga todas las inquietudes de tu mente y las ansias de tu corazón. ¡Ahí tienes al hombre! Después del desastre del paraíso, cuando el Enemigo destruyó mi creación primordial y empañó mi imagen impresa en el hombre, no me quedó otra que enviar a mi propio Hijo para que restaurara el daño, reconstruyera mi creación y enseñara a todos los hombres y mujeres de la tierra, el camino de la nueva vida de la gracia, la santidad y la salvación. Esa misión restauradora que da a la humanidad una nueva esperanza y a todos los humanos la posibilidad de volver a ser «hijos de Dios», mis hijos, con todos los derechos de heredar la vida y la felicidad eternas, fue la que llevó a mi Hijo a la tierra. Para ellos yo estoy construyendo «un cielo nuevo y una tierra nueva» (Apocalipsis 21:1), que heredarán y habitarán por toda una eternidad, los «hombres y mujeres nuevos», que han creído en el nombre de mi Hijo, adquiriendo el derecho de ser mis hijos, «hijos de Dios.» «Estos no nacen de la sangre, ni de los deseos naturales, ni por voluntad humana, sino que nacen de mí mismo, de Dios» (Juan 1:2-13).

Tu Dios...

Oración que cualquiera puede recitar

En esta hora de confusión, Señor,
salva al hombre de hoy,
que ignora de dónde viene y hacia dónde va.

Te pedimos perdón
por nuestra hipocresía e ignorancia;
por nuestro extravío,
que busca las respuestas
donde no las hay.

Permítenos volver nuestro rostro
hacia tu luz y verdad,
y redescubrir nuestro origen y destino
en ti, como frutos de tu amor y tu poder;
y encaminar nuestros pasos
por los senderos de tu voluntad.

L.J.C.

III

Carta de la búsqueda

⁴ Ustedes ya conocen el camino para ir a donde yo voy.
⁵ Dijo entonces Tomás:
Señor, no sabemos a dónde vas, así que
¿cómo podemos conocer el camino?
⁶ Yo soy el camino, la verdad y la vida le contestó Jesús.
Nadie llega al Padre sino por mí. ⁷Si ustedes realmente me
conocieran, conocerían también a mi Padre. Y ya desde este
momento lo conocen y lo han visto.
⁸ Señor, dijo Felipe, muéstranos al Padre y con eso nos
basta.
⁹ ¡Pero, Felipe! ¿Tanto tiempo llevo ya entre ustedes, y
todavía no me conoces? El que me ha visto a mí, ha visto al
Padre. ¿Cómo puedes decirme: 'Muéstranos al Padre'?
¹⁰¿Acaso no crees que yo estoy en el Padre, y que el Padre
está en mí? Las palabras que yo les comunico, no las hablo
como cosa mía, sino que es el Padre, que está en mí, el que
realiza sus obras. ¹¹Créanme cuando les digo que yo estoy en
el Padre y que el Padre está en mí; o al menos créanme por
las obras mismas.

Juan 14:4-11

III

¿Cómo puedo encontrarte?

Querido Dios:
Estoy perdido. Este mundo me confunde con sus injusticias y contradicciones... Muchos me hablan de ti; religiones, libros, predicadores, filósofos, políticos e ideólogos usan tu nombre y el de tu Hijo Jesucristo para decirme: «Aquí está la verdad»; «éste es el verdadero Dios»; «aquí sí encuentras a Jesús». Sé que las Escrituras dicen que llegaste al mundo en la persona de Jesús. Pero, ¿dónde estás tú, Señor, ahora? ¿Dónde podemos encontrarte? ¿Qué se ha hecho Jesús? Recuerdo que alguna vez, unos griegos llegaron a Jerusalén a adorar en el templo durante la Pascua. Y dijeron a Felipe, el apóstol: «Queremos ver a Jesús» (Juan 12:21).

Esta es la inquietud de miles, desorientados como yo, que te buscan y quieren estar seguros de encontrarte. ¿Dónde estás, Señor?

Tu hijo desorientado

Respuesta de Dios

Querido hijo desorientado:

¡Conque quieres encontrarme!

En primer lugar, no me busques donde no estoy. Ciertamente no me siento a gusto en el ruido y boato de las ambiciones mundanas; o en medio de la feria de vanidades que el hombre ha construido para satisfacer su orgullo. Ni siquiera me escondo en los malabares de las teorías de sabios y filósofos. No te dejes engañar por las apariencias de piedad, ni las hipocresías de los que se creen santos y religiosos, pero traicionan mi Evangelio con un cristianismo sin testimonio ni compromiso interior. De estos habló mi Hijo cuando afirmó: «No todo el que me dice: 'Señor, Señor' entrará en el reino de los cielos, sino sólo el que hace la voluntad de mi Padre que está en el cielo» (Mateo 7:21).

Te diré dónde puedes encontrarme:

Búscame en el *testimonio de las vidas de mis fieles*, que tratan de seguir los pasos de Jesús, mi Hijo, obedeciendo mi Palabra.

Búscame en *ti mismo*: en tus necesidades y problemas; en tus debilidades y angustias que te convencen de la absoluta necesidad de mi presencia y acción.

Cartas como esta me gustan, porque son como gritos del alma. Son oración. Y *en la oración* sí me puedes encontrar. Nunca falto a la cita de un corazón angustiado... o al clamor de un alma que reclama asistencia o perdón.

Búscame en *la oración*. A través de ella he hecho mis mejores amigos. Conversemos, hijo, de todo lo que te alegra o aflige. Si quieres, podemos hacer cita diaria, donde quieras y a la hora que quieras. Allí estaré para escucharte y hablarte.

También en *la naturaleza*... En el trueno y la luz, en el aire y la lluvia. «Los cielos cuentan mi gloria y el firmamento proclama la obra de mis manos» (Salmo 19:1-2).

Si el hombre aprendiera a reconocerme como me reconocen las otras criaturas, el mundo sería diferente. Fíjate que todas aceptan y cumplen las leyes que he colocado para regir su existencia. Sólo el hombre se rebela. Las voces de la naturaleza, el trueno, el ruido del viento, el canto de las aves y el susurro de la fuente; el silencioso desplazarse de los astros, el rugir de las fieras; todos son como ecos de mi poder.

¿Recuerdas lo que pasó en Belén? Alrededor del pesebre la naturaleza se estremeció reconociendo en Jesús a su Creador. Las estrellas fueron más brillantes, y con sus resplandores guiaron a los magos al pesebre; y hubo luz, mucha luz; con música de ángeles y sonrisas de pastores. Fue como una reivindicación de la creación natural por la presencia de mi Hijo en medio de los hombres que «no lo recibieron» (Juan 1:11).

Muchos, en cambio, me han encontrado en medio de la naturaleza y aprendieron con el salmista a descubrirme a través de sus voces. El campo, el desierto, la montaña o el mar han servido mis propósitos de encontrarme con los hombres. Todos ellos fueron escenarios preferidos de la predicación de mi Hijo Jesucristo y mudos testigos de sus repetidas conversaciones y encuentros conmigo.

Búscame en *la creación*, hijo. Ella te hablará de mí, si es que aprendes a comprender sus voces.

Pero yo sé otro lugar donde puedes encontrarme. *En tu hermano. En tu prójimo.* Todos los hombres son mis hijos. Por todos murió mi Hijo Jesucristo. Tú recuerdas que alguna vez afirmé que, en la cita final con los hombres, muchos me escucharán extrañados: «Les aseguro que todo lo que hicieron por uno de mis hermanos, aun por el más pequeño, lo hicieron por mí» (Mateo 25:40).

Si quieres encontrarme, búscame en *las villas «miseria» y barriadas* sin calles ni servicios; en las prisiones y asilos.

Búscame entre *los enfermos y desvalidos*; en los hijos sin hogar, y los niños abandonados y hambrientos; en la triste soledad de los ancianos, y en la desesperanza de los refugiados sin patria.

Búscame en los que *están sin aliento, sin esperanza, sin*

amor... Ellos necesitan de ti tanto como necesitan de mí. Allí nos encontraremos. Cuando ellos sufren, yo sufro... cuando tienen hambre, yo desfallezco... Por ellos en primer lugar nació mi Hijo. También él quiso ser pobre. El pesebre y la vida toda de mi Hijo predican pobreza y sencillez. Pero aunque fueras rico, tú puedes encontrarme en la sencillez de tu corazón, desprendido y generoso; no apegado a los bienes temporales, sino dispuesto a compartir lo que yo te he dado con los que nada tienen. Todo esto se resume, hijo, en aquella bienaventuranza: «Dichosos los pobres en espíritu porque el reino de los cielos les pertenece» (Mateo 5:3).

En las fiestas de Pascuas o Navidades, para los cumpleaños o aniversarios, los días de los padres o las madres, cuando se acostumbra hacer obsequios, búscame en los pobres y necesitados; busca un padre sin hijos o una madre abandonada; un joven sin hogar, o un preso a quien nadie visita; un anciano solitario, o un inválido sin posibilidades o ilusiones. Dales algo de ti; dales un poco de cariño y amistad; entrégales un poquito de amor, en mi nombre.

Búscame también, *dentro de ti*; en la sencillez y desnudez de tu propio corazón, despojado de ambiciones y pretensiones. A mí me gusta llenar el vacío que deja el orgullo al retirarse de las almas humildes. Y me gozo en acompañar el alma generosa que sale al encuentro del hermano necesitado.

Podría hablarte de otros muchos lugares donde pudieras encontrarme. *El templo*, por ejemplo. Allí llevaron sus padres en la tierra, a mi Hijo Jesús, cuando apenas tenía ocho días de nacido. Y esto sirvió a mi siervo Simeón para encontrarme, después de una larga espera. Y murió tranquilo (Lucas 2:21-32). Y, ¿qué me dices de la viuda Ana? Porque fue fiel a la oración y ayuno, sirviendo fielmente en mi templo, tuvo la alegría de ser de las primeras en reconocer a mi Hijo Jesucristo (Lucas 2:36-38).

Desde el templo y la sinagoga transmitió Jesús sus mejores mensajes. Y hoy sigue haciéndolo, a través de sus siervos, los predicadores y ministros. El templo es el lugar natural para la proclamación de mi Palabra; para la plegaria y la adoración. Allí habito yo, como lo dicen mis siervos Zacarías y Habacuc (Habacuc 2:20; Zacarías 2:13), y lo cantan los Salmos en mil formas (Salmo 11:4). En el templo me doy cita con mis hijos. Por último, déjame señalarte un lugar de cita, donde nunca dejarás de encontrarme. Te estoy hablando de *mi Palabra: la Biblia*, como ustedes la llaman. La mandé a escribir precisamente para eso, para encontrarme con los hombres y las mujeres. Para hablarles y para que ellos me hablen, pues en sus páginas aprenderás a responderme.

Yo quiero que tú y todos los hombres entablemos un diálogo diario a través de mi Palabra. Este es el gran libro de mi comunicación; la expresión de mi voluntad; el lugar del encuentro. En la Biblia y el Evangelio encontrarás no sólo mis Palabras y las de mi Hijo; nos encontrarás a los dos en persona. Cuando aprendas a leerla y a estudiarla, a amarla y a vivirla, te sorprenderás caminando conmigo; sentirás la compañía de mi Hijo permanentemente a tu lado, porque como dijo tan acertadamente el gran reformador de la iglesia, traductor y expositor de mi Palabra, Lutero: «La Biblia es el pesebre en el que nace Cristo.»

Por eso a Jesucristo, mi Hijo, se le identifica como la Palabra encarnada (Juan 1:14). Él es la manifestación de mi sabiduría y amor, de mi gracia y poder. De todo lo que soy y poseo y quiero compartir con los mortales. Por eso él ha ido a la tierra al encuentro contigo y con todos los que quieran aceptarlo por fe, y recibir las riquezas de mi gracia. En Jesús, mi Palabra encarnada, me encontrarás. Y encontrarás la vida verdadera. Hallarle a él es encontrarme a mí, por toda una eternidad.

Sigue tu búsqueda, hijo. Tú tienes la ventaja de querer encontrarme. Hoy te he dado algunas buenas pistas para hallarme. Otros, porque no preguntan, o no tiene interés, siguen perdidos, sin encontrarme. Y lo malo es que el tiempo se agota. Por algo mi profeta Isaías aconsejaba: «¡Busquen al Señor, mientras pueda ser hallado!» (Isaías 55:6). Y, como afirma ese gran libro de los Proverbios, que yo mandé a escribir hace ya bastantes años: «Yo me doy a conocer a los que me buscan; y me encuentran los que temprano me buscan...» (Proverbios 8:17). Te aseguro que tan sólo en la búsqueda, encontrarás gran alegría; o como dice el salmista «se reanimará y llenará de vida tu corazón» (Salmo 69:32).

De hecho, esta conversación ha sido un hermoso encuentro. De manera que vuelve a buscarme para «charlar» un poco.

Hasta otra ocasión, hijo.

Tu Dios

Súplica para encontrar a Dios

Dame, Señor, a conocer y entender qué es primero, si invocarte o alabarte; o si es antes conocerte que invocarte. Mas, ¿quién habrá que te invoque, si antes no te conoce? Porque, no conociéndote, fácilmente podrá invocar una cosa por otra. ¿Acaso, más bien, no habrás de ser invocado para ser conocido? Pero, «¿cómo invocarán a aquel en quien no han creído? ¿Y cómo creerán en aquel de quien no han oído? ¿Y cómo oirán si no hay quien les predique?» (Romanos 10:14).

Ciertamente alabarán al Señor los que le buscan, porque los que le buscan lo hallan y los que lo hallan lo alaban.

Que yo, Señor, te busque invocándote, y te invoque, creyendo en ti, pues me has sido ya predicado. Invócate, Señor, mi fe, la que tú me diste e inspiraste por la humanidad de tu Hijo, Jesucristo, y el misterio de tu predicación.

Agustín de Hipona

IV

Carta del descubrimiento

¹⁵ No amen al mundo ni nada de lo que hay en él. Si alguien ama al mundo, no tiene el amor del Padre. ¹⁶ Porque nada de lo que hay en el mundo los malos deseos del cuerpo, la codicia de los ojos y la arrogancia de la vida proviene del Padre sino del mundo. ¹⁷ El mundo se acaba con sus malos deseos, pero el que hace la voluntad de Dios permanece para siempre.

1 Juan 2:15-17

IV

Hágase tu voluntad

Mi querido Dios y Señor:

Siempre me ha intrigado esta petición del Padrenuestro que recitamos todos los cristianos. ¿Qué significa en último término eso de «tu voluntad»? ¿Cómo puedo yo saber cuál es tu voluntad? Permíteme, Señor, decirte que yo francamente descubro una gran desproporción en lo que nos señalas en tu Palabra como tu voluntad y nuestra pobre capacidad para cumplirla. Aunque algunos estudiosos de tu Palabra me dicen que tú, además de formular tu programa de vida para quienes nos identificamos como tus hijos, prometes asistirnos con lo que ellos llaman «tu gracia», para cumplirlo.

Por eso voy a agradecerte mucho, en mi nombre y en nombre de tantos desorientados que habitamos este planeta, que nos des alguna indicación sobre este vital tema de «la voluntad del Señor», y la invitación que nos haces para descubrirla y cumplirla.

Tu hijo un poco «despistado»

Respuesta de Dios

Mi querido «hijo despistado»:

Tienes razón. Mi programa de vida para aquellos que se identifican como «mis hijos», es de alta calidad y de no fácil cumplimiento. Este programa está delineado ya en la primera parte de mi Revelación: el Antiguo Testamento. Y no te creas que aparece en este santo libro en forma de lecciones teológicas y conferencias de difícil comprensión. No; yo lo fui elaborando prácticamente en la marcha de mi pueblo a través de la historia, desde los primeros patriarcas, hasta el último de los profetas. Y mi Hijo Jesucristo le dio su forma acabada y perfecta, con su vida y enseñanzas, en los años en que se hizo uno de ustedes, precisamente con el propósito de mostrarles de la manera más evidente cuál es mi voluntad.

En segundo lugar, hijo, aunque difícil de cumplir, quienes abrazan este programa de vida pueden contar con mi total respaldo y colaboración. En realidad, nadie puede siquiera pretender vivir medianamente como un hijo digno de mi nombre, sin la cercana asistencia de mi «gracia». Yo me he comprometido, a través de mi Hijo Jesucristo, a proporcionársela a todo el que quiera de verdad vivir «de acuerdo con mi voluntad».

Todo comienza por una elección, una vocación abierta a quien quiera aceptarla. Cuando yo encuentro la actitud correcta de aceptación al reto a la santidad basada en la fe en mi Palabra y en mis promesas, y descubro la disponibilidad para dejarme ayudar, entro de lleno a actuar. Y los resultados son sorprendentes, pues es nada menos que el Omnipotente al servicio de sus criaturas. Todo lo hago en honor a mi nombre, y como expresión de mi infinita bondad y misericordia. Nadie lo dijo mejor que mi profeta Ezequiel. Escucha:

Así dice el Señor omnipotente: Voy a actuar, pero no por ustedes, sino por causa de mi santo nombre, que ustedes han profanado entre la naciones... Cuando dé a conocer mi santidad entre ustedes, la naciones sabrán que yo soy el Señor. Lo afirma el Señor omnipotente. Los sacaré de entre las naciones, los reuniré de entre todos los pueblos, y los haré regresar a su propia tierra. Los rociaré con agua pura, y quedarán purificados. Los limpiaré de todas sus impurezas e idolatrías. Les daré un nuevo corazón, y les infundiré un espíritu nuevo; les quitaré ese corazón de piedra que ahora tienen, y les pondré un corazón de carne. Infundiré mi Espíritu en ustedes, y haré que sigan mis preceptos y obedezcan mis leyes. Vivirán en la tierra que les di a sus antepasados, y ustedes serán mi pueblo y yo seré su Dios (Ezequiel 36:22-28).

Déjame explicarte, hijo, versículo por versículo el contenido de este precioso pasaje de mi Palabra, que expresa maravillosamente mi programa de vida y santidad para quienes quieren identificarse como mis hijos, seguidores de mi Hijo Jesucristo.

«Los sacaré de entre las naciones, los reuniré de entre todos los pueblos»: Quienes entran a formar parte de las filas de mis escogidos deben dejar de lado muchos de sus hábitos cotidianos, y abandonar su estilo de vida rutinario de descuido moral y espiritual. Deben cambiar de identidad y adquirir una «nueva ciudadanía.» Vendrán de todas las razas y pueblos pero me pertenecerán, como un solo pueblo, el pueblo de los redimidos por la sangre de mi Hijo, y congregados en torno a mi Palabra y voluntad. Me descubrirán como su Padre; y me servirán como su Señor.

«Los rociaré con agua pura y quedarán purificados»: Aun después de ser congregados y redimidos, seguirán necesitando del rocío de la gracia y del perdón. De la acción purificadora de mi Espíritu, que los libere de sus vicios, idolatrías y corruptelas. No faltan los ídolos escondidos, las pasioncillas rebeldes agazapadas en rincones ocultos del alma. Yo, a través de mi mirada penetrante, como de rayo refulgente, descubriré todas sus impurezas, para arrancarlas de sus vidas y sembrar en su lugar los dones y virtudes de mi Espíritu.

«Les daré un nuevo corazón; y les infundiré un espíritu nuevo...»

La purificación, a través de mi gracia, será el principio de un nuevo ser; una especie de nueva creación; una *metanoia* o cambio radical que ustedes llaman conversión. El «corazón de carne» que pondré en cada «convertido», será precisamente sensible y flexible a mi voluntad; no como el corazón endurecido, «de piedra», del pecador, que no quiere cambiar.

«Infundiré mi Espíritu y haré que sigan mis preceptos y obedezcan mis leyes.» Después del cambio y conversión de corazón, habrá en cada uno de mis elegidos una permanente disposición para buscar mi voluntad y seguirla; para conocer y cumplir mis mandamientos; para escuchar mi Palabra y ponerla en práctica.

«Vivirás en la tierra...» Una expresión rica en contenido, que recuerda las bienaventuranzas del Evangelio; ésta específicamente se aplica a los procuradores del bien y de la paz, quienes heredarán la tierra. No sólo la tierra allá abajo, sino el «cielo nuevo y la tierra nueva» que yo estoy preparando para los que han lavado sus vestidos en la sangre del Cordero (Apocalipsis 21:1; 22:14), y son fieles a mi voluntad.

«Y ustedes serán mi pueblo, y yo seré su Dios...» Se trata, hijo, de una alianza eterna, de una comunión perfecta, como resultado de la compenetración de tu voluntad con la mía. Este será el resultado final de conocer mi voluntad y cumplirla. ¿Qué más puedes desear, sino mi compañía perenne por toda la eternidad?

Para terminar, déjame decirte unas palabras sobre la condición fundamental para buscar y encontrar mi voluntad. Esta condición es *buscarla genuinamente*, verídicamente, con intenciones ciertas de conocerla para cumplirla. Nada nos atrae tanto a mí y a mi Hijo Jesucristo, como un corazón sincero, transparente, bien intencionado. En esto yo y mi Hijo Jesús nos identificamos plenamente. ¿Recuerdas el pasaje aquel del encuentro de Jesús con Natanael, que fue presentado a mi Hijo por Felipe? El comentario de Jesús revela exactamente nuestro pensamiento y preferencia sobre el carácter humano. «Aquí tienen a un verdadero israelita, en quien no hay falsedad» (Juan 1:47). Para encontrarme a mí, encontrar a mi Hijo, y conocer cuál es nuestra voluntad sobre tu vida, debes buscarnos y buscar nuestra voluntad, «*sin falsedad*», sin dobleces, sin segundas intenciones. Una persona «sin falsedad» es la que tiene un alma transparente, libre de intereses creados, o trasfondos ocultos. Objetiva y sincera, que busca la verdad para abrazarla y defenderla, el bien y la virtud para practicarlos. Esta es la condición primordial para buscar mi voluntad y encontrarla: que la búsqueda sea honesta y genuina.

Pero, es exactamente lo que he descubierto en tu carta. Por eso me he extendido en la respuesta, que espero te sea de mucho provecho y orientación a ti, y a otros que lean estas cartas.

Tu Dios «sincero y verídico».

Aprender a buscarte

Cuando el cielo es claro y transparente
la savia de vida circula sin impedimentos.
Cuando estallan los brotes de la primavera
Y sonríe la vida
y el futuro es diáfano y halagador;
parece que no hay tiempo para descubrirte.

Sólo quiero pensar en mí
Soñar mis sueños y vivir mis ilusiones.

Pero, un día, llega la hora de la incertidumbre
Cuando invaden mi alma las desilusiones.
Lluvia y viento azotan mi tranquilidad.
Y en el horizonte amenaza
el gris plomizo de la tempestad.
Siento que es tiempo de buscarte
de saber de ti
de acercarme al calor de tu amistad
confiarme a la seguridad de tu amor
y a la sabiduría de tu voluntad.

Entonces, mi alma reclama tu misericordia
que perdone mis vanas pretensiones;
la serena majestad de tu poder
que se imponga a las olas furiosas
de mi vida agitada
por la duda, la incertidumbre y el dolor.

Señor, he descubierto,
que cuando lo accesorio se ha esfumado
¡se ve mejor el cielo!
Y es más fácil buscarte y encontrarte.

L.J.C.

V

Carta sobre Jesús

[20] Entre los que habían subido a adorar en la fiesta había algunos griegos. [21] Éstos se acercaron a Felipe, que era de Betsaida de Galilea, y le pidieron:

Señor, queremos ver a Jesús.

[22] Felipe fue a decírselo a Andrés, y ambos fueron a decírselo a Jesús.

Juan 12:20-22

V

¿Cuál es el verdadero Cristo?

Querido Dios:

Hoy vengo a preguntarte algo muy importante. Quiero que me hables de tu Hijo. Es que estoy confundido con todas las cosas que me dicen de él. Unos me lo colocan allá por las nubes, tan alto y lejano que hasta me da miedo acercármele. Es un Cristo únicamente para «santos», o «beatos» que se pasan rezando todo el día. Nosotros los hombres y mujeres comunes y corrientes, necesitamos un Cristo más asequible y comprensivo. Tampoco nos sirve mucho ese Cristo filosófico, tan abstracto, de algunos teólogos; más idea que realidad, más discurso o sermón que persona de carne y hueso; más teoría que vida.

Francamente, Señor, como los griegos aquellos que fueron a las fiestas a Jerusalén y hablaron con Andrés y Felipe, yo también «quisiera ver a Jesús» (Juan 12:21).

Somos muchos los que necesitamos a un Jesús cercano, concreto, actual; solidario con la realidad que vivimos día a día; que comprenda nuestras flaquezas y miserias. Aunque no me entiendas mal, Señor. Tampoco es que quiera un Cristo así tan «vulgarizado» y disminuido en su grandeza que le pierdan el respeto. No; ¡no faltaba más! Como ese Cristo «guerrillero» o «revolucionario», matriculado en una determinada ideología política. O el otro Cristo «burgués», que condesciende con todas las injusticias y liviandades de los cristianos mediocres acomodados en un cristianismo rutinario y formalista, que huyen del compromiso y del sacrificio; y permanecen impávidos ante las necesidades, dolores y privaciones del prójimo.

Como te decía al principio de esta carta, ya estoy cansado de preguntar y escuchar mil cosas acerca de tu Hijo. He decidido, pues, preguntarte a ti porque, como decía Pedro, «¿A quién iremos? Si sólo tú y tu Hijo tienen palabras de vida eterna» (Juan 6:68). Tengo, además, muchos colegas, especialmente jóvenes inquietos que te mandan muchos saludos y que esperan también tu respuesta.

Con todo cariño y respeto,

Tu hijo desorientado.

—-&—

Respuesta de Dios

Mi querido hijo desorientado:

¿Que si hay confusión...? ¡No me lo digas a mí...! Ciertamente hoy se presentan muchas desfiguraciones de mi Hijo. Aun a mí me sería difícil reconocerlo, si no lo conociera muy bien desde la eternidad.

Se han fabricado una cantidad enorme de «cristos»: cristos de derecha, cristos de izquierda y cristos de centro; cristos de esta o aquella religión; cristos progresistas y cristos reaccionarios; cristos y más cristos para el consumo de todos los gustos y caprichos.

Pues no queda más que volver a las fuentes: al Evangelio, a la Biblia... ¡Qué tal si no se me ocurre mandarlos a escribir...! Allí sí que está el verdadero Cristo: lo descubrirás en acción, tal como lo conocí yo mismo, desde siempre, en el seno de la Trinidad.

Por supuesto que mi Hijo, como yo mismo y el Espíritu Santo somos «trascendentes»; es decir, nuestra naturaleza supera la comprensión de la mente humana. Pero no te devanes mucho los sesos, hijo, tratando de descifrar el misterio de la divinidad de mi Hijo. Bástate con saber que él ha sido siempre Dios; eterno, infinito y poderoso, como yo, su Padre, lo soy. Pero los poderes formidables de su divinidad, los ha puesto a tu servicio y al servicio de todos los hombres. Son para ti y para todos una garantía, una seguridad, una bendición.

¿Cómo puede ser esto?, preguntarás. ¿Acaso no has oído decir que «Dios es amor»? (1 Juan 4:8). Y amor es entrega, gracia. El amor es la mayor característica de nuestra naturaleza divina; y porque amamos queremos participar todos nuestros bienes, incluyendo nuestra felicidad eterna. Nuestro amor infinito, que tú no comprendes del todo, nos inspiró a mí y a mi Hijo el plan de la redención, cuando vimos que el enemigo había echado a perder la armonía y la felicidad en el paraíso, introduciendo el pecado y la rebeldía a mi Ley en el mundo. Fue cuando mi Hijo se ofreció como Mediador para conseguir el perdón del pecado y restablecer de nuevo la amistad y armonía perdidas. El evangelista Juan lo resume todo muy bien, cuando escribe que *tanto amé Yo al mundo que entregué a mi Hijo único, para que todo aquel que cree en él no muera sino que tenga vida eterna* (Juan 3:16).

Pero tú me hablabas que querías un Cristo cercano, de carne y hueso. Déjame decirte que Jesús es el único Dios que se ha hecho carne y se ha ido a vivir con los hombres como uno de ellos (Juan 1:14). Por eso en él se conjugan dos realidades: la de Dios y la del hombre; la del tiempo y la de la eternidad. No podrás comprenderlo como hombre si no lo aceptas como Dios. Esta doble naturaleza le permite ser Puente entre la tierra y el cielo. A través de él ha quedado abierta la comunicación de mi gracia, bendiciones y amor, con todos los hombres. Como dice la carta a los Hebreos:

«[...] Ya que tenemos en Jesús, el Hijo de Dios, nuestro gran sumo sacerdote que ha atravesado los cielos, aferrémonos a la fe que profesamos. Porque no tenemos un sumo sacerdote incapaz de compadecerse de nuestras debilidades, sino uno que ha sido tentado en todo de la misma manera que nosotros, aunque sin pecado» (Hebreos 4:14-15).

Ahí tienes al Jesús que buscabas: al Jesús cercano, actualizado, hombre con los hombres, pobre con los pobres; de tu propia raza y de tu propio tiempo. De hecho, de todos los tiempos. La intemporalidad que le presta su divinidad, le permite hacerse actual: Hombre-Dios de todos los tiempos y de todos los hombres. Después de resucitado, vencedor de la muerte, esta ya no tiene más poder sobre su existencia, que aunque sigue siendo humana, a la vez que divina, no se circunscribe a una sola época, sino que se extiende y encarna en todas las épocas. Es lo que quiere decir aquello de que «Jesucristo es el mismo ayer, hoy y por los siglos» (Hebreos 13:8).

No me lo matricules, pues, en una época determinada; ni mucho menos en una raza o categoría humana determinada; ni muchísimo menos en una doctrina o grupo religioso en particular. Mi Hijo, tal como yo lo quise y dispuse, está disponible a todos. Aunque como hombre nació en un tiempo y año determinados, como Hombre-Dios pertenece a todas las épocas y se actualiza en todos los tiempos. A través de él, yo me gozo en entenderme con todos los hombres. Su doble categoría de Hijo mío y hermano tuyo le permite servir de puente e intermediario. En él yo mismo me he hecho uno de ustedes; me he identificado con todas sus angustias y problemas. Lo puedes descubrir en la forma de actuar de mi Hijo. Si has leído los Evangelios te habrás dado cuenta de que todos los actos y palabras de mi Hijo revelan una franca y sincera simpatía por todo lo humano. Fue un maestro compasivo y comprensivo. Cuando a todos se les agotaba la paciencia, él permanecía apacible hablando de perdón, restaurando pecadores y enfermos del cuerpo y del espíritu. Su ministerio de compasión y sanidad se extendió tanto a las necesidades del cuerpo como a las del alma. Todos sus milagros fueron motivados por la compasión y la simpatía que entregó aun a sus enemigos y a quienes lo persiguieron y crucificaron. Una sola frase revela la capacidad infinita de perdón de su corazón magnánimo: «Perdónalos porque no saben lo que hacen» (Lucas 23:34).

Pero, quizás, nada hace tan actual y necesario a mi Hijo hoy en día, como su forma de amar. Él enseñó una forma de amor desconocida hasta su tiempo, y que hoy poco se practica. Yo lo llamaría «amor de aceptación.» Es esa clase de amor que nos hace amar no por lo que es o tiene el ser amado, sino a pesar de lo que es o no es, tiene o no tiene. Es una especie de amor de desprendimiento; despojado de egoísmos e intereses utilitarios. Ustedes los mortales aman con muchas condiciones. Mi Hijo y yo amamos incondicionalmente. Y esa es la clase de amor que proponemos a los hombres como único camino de resolver los problemas de los odios, las divisiones, los rencores y mil cosas más que están destruyendo a la humanidad. Hay que regresar a ese amor enseñado y practicado por mi Hijo, que interpretó muy bien su discípulo Pablo cuando escribió el famoso capítulo trece de su primera carta a los Corintios que tú debes leer. Se trata de un amor paciente, bondadoso. Un amor que no es envidioso ni jactancioso ni orgulloso. Que no se comporta con rudeza, no es egoísta, no se enoja fácilmente, no guarda rencor. Que no se deleita en la maldad, sino que se regocija con la verdad. Un amor que todo lo disculpa, todo lo cree, todo lo espera, todo lo soporta.»

Esta clase de amor a la vez tan humano y tan divino retrata admirablemente a mi Hijo. Fue ese amor el que lo llevó a la tierra a ofrecer su vida por la salvación de todos, incluyéndote, por supuesto a ti. Este amor fue el motor de toda su existencia: de sus actos, pensamientos, palabras, enseñanzas y milagros. Fue este amor el que lo hizo identificarse en un todo, con excepción del pecado, con todos los hombres y mujeres, tus hermanos; especialmente con los más pobres, sufridos y necesitados.

Hay por último un rasgo muy especial de mi Hijo, que lo

convierte en un personaje muy propio para esta época de ejecutivos y hombres de acción: y es su dinamismo y acción eficaz.

La empresa de salvación que lo llevó a la tierra la realizó plena y eficientemente, hasta su últimas consecuencias. Por eso pudo decir desde la cruz: «Todo se ha cumplido» (Juan 19:30). Prometió resucitar; y se levantó del sepulcro al tercer día. Prometió a sus discípulos el Espíritu Santo y en Pentecostés llegó, y en qué forma. Su eficacia se evidencia en mil formas: no sólo cuando hace efectiva su acción de perdón y salvación para todos los que le buscan y aceptan con fe, sino cuando cura enfermedades, resuelve problemas, responde a cuestiones difíciles, elige a sus discípulos, organiza su Iglesia, proyecta su ministerio; atiende a la gente, aconseja, cura, predica, reprende y decide.

Y esta sigue siendo la tónica de su persona y acción como Redentor del mundo. Por eso yo he prometido que todo lo que se me pida en su nombre lo voy a atender (Juan 14:13). Y es que las oraciones hechas en el nombre de mi Hijo, dejan de ser un simple formalismo de culto y se convierten en memoriales avalados por la eficacia de la vida y muerte de quien todo lo hizo bien, porque actuaba ungido por el Espíritu y «yo estaba con él» (Hechos 10:38).

Los hombres no han cambiado mucho desde los tiempos cuando mi Hijo vivió allá en la tierra. Sus necesidades y problemas siguen siendo básicamente los mismos. Su espíritu, pensamiento y corazón experimentan las mismas tentaciones, emociones, ilusiones, aspiraciones y frustraciones. Para todas estas situaciones, problemas y necesidades, mi Hijo y yo tenemos respuesta. Cómo quisiéramos que los hombres nos buscaran más a menudo, a través de la oración, que es el mejor mecanismo de comunicación por el que escuchamos y hablamos. Y a través de mi Palabra revelada. Muchos se extravían y confunden en cuanto a mi verdadera naturaleza y a la de mi Hijo, y muchas otras cosas, por no estudiar mi Palabra.

Espero, hijo, que al suspender este diálogo escrito, nos demos una cita para seguir hablando en la intimidad de la oración, y en el diálogo inteligente e iluminador del estudio de mi Palabra. Allá nos encontraremos. Hasta pronto, pues.

Mi Hijo y el Espíritu Santo se unen a mí para saludarte y enviarte nuestra bendición.

Tu Dios

Oración para la hora de la confusión

En esta hora de confusión, Señor,
revélate al que te ignora,
al que se resiste a conocerte,
o no está seguro de tu amorosa realidad.

Danos, Señor, tu Luz;
siembra tu verdad en nuestra alma,
para que descubramos
que somos fruto de tu amor;
hijos errantes en este mundo
en busca de la casa paterna;
peregrinos del tiempo,
en marcha hacia la eternidad,
donde nos espera
la felicidad completa y verdadera.

Permítenos descubrir en Jesucristo
tu rostro de bondad;
recibir de sus manos el perdón;
recobrar el aliento para seguir luchando
las batallas del amor y la virtud.
Y, siguiendo su ejemplo,
comenzar a vivir desde aquí mismo
la vida verdadera,
en la alegre compañía de tu Hijo,
por toda la eternidad.

L.J.C.

VI

Carta de la Palabra

¹ ¡Vengan a las aguas
   todos los que tengan sed!
¡Vengan a comprar y a comer
   los que no tengan dinero!
Vengan, compren vino y leche
   sin pago alguno.
² ¿Por qué gastan dinero en lo que no es pan,
   y su salario en lo que no satisface?
Escúchenme bien, y comerán lo que es bueno,
   y se deleitarán con manjares deliciosos.
³ Presten atención y vengan a mí,
   escúchenme y vivirán.
Haré con ustedes un pacto eterno,
   conforme a mi constante amor por David.

Isaías: 55:1-3

¹⁰ Así como la lluvia y la nieve
   descienden del cielo,
y no vuelven allá sin regar antes la tierra
   y hacerla fecundar y germinar
para que dé semilla al que siembra
   y pan al que come,

[11] así es también la palabra que sale de mi boca:
   No volverá a mí vacía,
sino que hará lo que yo deseo
   y cumplirá con mis propósitos.

Isaías: 55:10-11

VI

El libro que me lee

Querido Dios:

Te voy a contar una rara experiencia que vengo teniendo desde hace algunos días. Yo soy un amigo asiduo de los libros. Es difícil que visite una librería sin que compre uno. El rincón preferido de mi casa es precisamente mi estudio y biblioteca, donde me paso los mejores ratos del día, rodeado de estantes repletos de libros. Me gusta acariciarlos, organizarlos por materias, en hileras de diversos tamaños y colores, quitarles el polvo, repasar sus páginas; y por supuesto leerlos. Ahora mismo estoy frente a mis libros, que parecen mirarme desde sus estantes. Sus lomos me hablan de lo que tienen por dentro: Historia, Literatura, Filosofía, Teología, y sobre todo Biblia. Los que tratan esta última, son mis preferidos, como la Biblia misma. Tengo decenas de ellas, en diferentes idiomas y formatos. No puedo resistir mirarlas, sin abrirlas. Es como si me hablaran y me suplicaran: «¡Léenos!»

La lectura cotidiana de tu Palabra me ha hecho experimentar la verdad de la afirmación del salmista: «¡Cuán dulces son a mi paladar tus palabras! Son más dulces que la miel a mi boca!» (Salmo 119:103). ¡Hay tanta riqueza entre sus páginas! No comprendo cómo tantos, que se dicen cristianos, desprecian la oportunidad de enriquecer sus vidas, dejando sus Biblias cerradas por meses y años, mientras se dedican a leer toda clase de literatura de mucho menor valor y provecho. Y es aquí donde viene la parte interesante de la historia que quería referirte. ¿Me creerías si te cuento que en estos últimos días he venido sosteniendo conversaciones con tu libro, la Biblia? Te voy a contar lo que hemos hablado. Y ya que todos la llamamos «tu Palabra», pues a lo mejor hoy no tendrás que hablarme mucho. Lo que quisiera es que me corroboraras lo que tu libro me ha confiado en nuestras charlas de biblioteca. De hecho, tu carta de hoy parece que ya la habías escrito, anticipándote a mi inquietud fundamental acerca de la Biblia, que se supone tú escribiste para ser leída por todos. Y, sin embargo, pocos son en realidad los que así lo hacen. Este ha sido precisamente el tema fundamental de mi conversación silenciosa con tu gran libro. Aunque para decirte la verdad esta ha sido más que todo un monólogo, pues casi que me he limitado a escuchar.

Déjame, Señor, contarte cómo ocurrió todo.

Como te decía, me encanta dialogar con mis libros. Y en mi biblioteca abundan las Biblias, en muchos idiomas. El número se ha multiplicado en los últimos años, al encontrarme envuelto en un proyecto de traducción de toda la Biblia, de los originales hebreo, arameo y griego, al español. Esta versión tomó el nombre de *Nueva Versión Internacional*. Y ciertamente quedó muy hermosa y clara, en un elegante español contemporáneo, que la mayoría de la gente podrá entender.

Por alguna razón he venido prestando mayor atención, en estos días, a mis Biblias. Las noto como inquietas, como si quisieran comunicarme algo. Pues sí, Señor, fue precisamente eso lo que ocurrió recientemente. Me hablaron mis Biblias. Comenzaron preguntándome:

¿Cómo es que estamos aquí solitarias, cerradas y oprimidas entre otros libros? Nadie nos lee. Sólo tú nos sacas de vez en cuando del ostracismo, cuando tienes que preparar un sermón o una conferencia. Y, según nos cuentan otras compañeras, nosotras las que vivimos en tu biblioteca somos quizás de las más

afortunadas, pues a la mayoría ni siquiera las miran sus due-
ños para quitarles el polvo. Pasan su vida sin hablar, mudas,
con sus hojas prensadas entre sus pastas. Y es que la gente no
aprecia el inmenso valor de nuestro contenido. Ni siquiera
sabe de dónde venimos. Cómo llegamos a ser Biblia. Nos tienen aquí mudas e inútiles, paralizadas. ¡Si supieran que el autor que nos escribió es el ser más sabio y poderoso de la tierra y
el cielo! Que no hay nadie, ni sabio, ni poeta, que pueda decir
lo que nosotras decimos. Y que nuestro mensaje es de vida o
muerte y todos deben conocerlo. Todos, sin excepción.

En este momento, Señor, yo no resistí más el lamento de mis
Biblias. Me levanté y fui hacia ellas. Todas parecían ofrecérse-
me. Tomé una de las más nuevecitas. Regresé a mi escritorio.
Me senté y la abrí. Crujieron sus hojas delgaditas y suaves, todavía pegadas, por la falta de uso; y su crujir me pareció un lamento, una queja, un reclamo.

Al posarse mis ojos en sus páginas, las letras circulaban,
como si tuvieran vida. Los versículos corrían de arriba hacia
abajo. Pasaban los capítulos, hasta agotar un libro completo.
Seguí mi recorrido de un libro a otro, buscando pasajes signifi-
cativos: el Pentateuco, con sus cinco libros que nos cuentan la
historia de la humanidad desde sus comienzos; y nos transportan con tu pueblo escogido en su largo peregrinar por el desierto, hasta las puertas mismas de la tierra prometida. Los Salmos, con sus racimos de himnos inspirados por ti a un selecto
grupo de poetas, como tu siervo David, que cantan la gloria de
tu creación, y nos enseñan las mil formas de alabarte y exaltar
tu nombre. Y luego vienen los Profetas. Quisiera uno leerlos todos de una vez. Son tan ricas sus enseñanzas y tan espléndido
su mensaje, que siempre dan ganas de regresar a releerlos. Y ni
qué decirte del Nuevo Testamento; la vida fascinante de tu
Hijo, Jesucristo, contada a cuatro manos, por las plumas ilustradas de tus cuatro evangelistas. Las cartas de Pablo y las
otras cartas que merecen trato especial, por su profundidad
y relevancia. Parecen escritas para nuestro tiempo. Y por

supuesto, el tremendo libro que cierra tu revelación: El Apocalipsis: libro de esperanza, que nos asegura el cumplimiento de tus planes y propósitos por encima de todas las persecuciones y luchas, sufrimientos y sinsabores que tus fieles y tu Iglesia deben sufrir. Y tú, Señor, terminarás reinando por los siglos de los siglos.

Todo esto lo recordé, en mi primer recorrido a saltos por la Biblia nuevecita, que me invitó a leerla. Y perdóname, Señor, si hoy no te he dejado hablar. Pero es como si estuvieras hablando todo el tiempo; porque como te dije al principio de esta carta, lo que te estoy contando es lo que he escuchado y aprendido de tu Palabra.

Pero déjame seguir con mi historia. Porque la interrumpí para hablarte de mi primer descubrimiento en la rápida hojeada de la Biblia bonita de hojas delgadas y delicadas.

«¡Regresa! ¡Vuelve a leerme!» fue lo que me pareció escuchar cuando retorné la Biblia a su lugar en el estante.

¡Quiero ser tu amiga! Y no sólo tuya, sino de muchos más. Dile a todos que nos lean. Que nos hagan leer. Nos encanta que nos regalen. Tenemos mucho que decir; un mensaje de bondad, alegría y salvación; de verdad y vida.

Esto fue el primer día, porque esta aventura con mis Biblias va ya para varios días y semanas y creo ya me estoy acostumbrando a dialogar con ellas. El otro día regresé, como la Biblia pequeñita de hojas delicadas me lo pidió. Esta vez tomé una Biblia más gruesa y ajada. Pero da lo mismo; pues todas transmiten idéntico mensaje, aunque hay algunos matices en las traducciones. Por eso, Señor, yo creo que tienen mucha razón los que enseñan que no debemos entregarle la lectura, estudio y exposición de la Biblia a una sola versión. Aunque el lenguaje de esta Biblia veterana era un poco más anticuado, pude entender claramente lo que me quería decir.

Esta Biblia me explicó cómo es que yo podía leerla en español, cuando tú habías revelado su contenido en primer término en hebreo, arameo y griego. Me hizo comprender la gran bendición que es la traducción bíblica. El valor del trabajo de tantos siervos y siervas tuyos, Señor, que aman tu Palabra y dedican toda su vida al estudio de las lenguas originales y a otras muchas disciplinas bíblicas, como la lingüística, la antropología, la historia, la teología y otras más, para hacer posible que el mensaje de tu Palabra pueda llegar a todos los pueblos y culturas, en sus propios idiomas. Me contó esta Biblia veterana, que ha visto pasar por sus páginas centenares de manos de expertos y legos en el campo bíblico; que de los casi seis mil idiomas hablados en el mundo, apenas unos dos mil trescientos han recibido una traducción de la Biblia completa o parte de ella. De verdad, Señor, que hay aquí un tremendo desafío, para que se cumpla el deseo expresado por ti en una de las cartas del apóstol Pablo: «Que toda lengua confiese que Jesucristo es el Señor, para tu gloria» (Filipenses 2:11). Y la Biblia veterana terminó diciéndome:

Tú hoy me has dado la satisfacción de leerme a mí, una Biblia algo vieja, que conservo todavía el lenguaje del pasado. Cuando vuelvas, te aconsejo que tomes una de mis vecinas, mucho más jóvenes, que se sienten muy orgullosas de hablar un español más fresco y contemporáneo. Y no les falta la razón, porque los idiomas son como los seres vivos: nacen, crecen, se reproducen, envejecen y hasta mueren. Por eso alguien dijo bien que «toda generación debería tener su traducción de la Biblia.» En español contamos con la bendición de tener como cincuenta traducciones de la Biblia; muchas de ellas excelentes. Por no hablar de las miles de versiones en otros idiomas. ¿Puedes imaginarte que hoy por hoy nos pueden leer en inglés, francés, japonés y dos mil lenguas más, hasta en chino? ¿Y que podemos dialogar hasta con los aborígenes del África, de Asia y de las Américas en sus propios idiomas?

El diálogo se suspendió por unos días que estuve de viaje, aunque, como es mi costumbre, me llevé mi Biblia de bolsillo. Mas mi conversación con esta es de carácter más íntimo y personal. Es más como una meditación muy placentera, en la que tu Palabra me habla quedo, pasito, con un tono insinuante de suave consejo o admonición. Yo diría que tu Palabra, Señor, me ayuda a desnudar mi alma; a descubrir mis vacíos y faltas. Cuando esto ocurre, infaliblemente me voy en busca de un salmo de confesión y arrepentimiento como el Salmo 32 o el 51, que me aseguran tu perdón. Otras veces me deleito escuchando a los profetas tronar, en defensa de tu nombre; o me gozo en la sabiduría tan útil y práctica de los libros sapienciales; en la poesía provocativa del Cantar de los Cantares; o en las ingeniosas parábolas de tu Hijo Jesucristo en los Evangelios.

Al regreso de mi viaje, claro, que volví a mi biblioteca, en busca de mis libros y mis Biblias. Me estaban esperando. Esta vez fue una hermosa Biblia de estudio en varios tomos, ilustrada con mapas y diagramas, la que me habló.

Según me contó mi compañera de estante —me dijo de entrada— ahora eres experto en traducciones de la Biblia. Déjame decirte, amigo, que hay mucho más que eso. No puedes imaginarte la cantidad de gente que debe trabajar, después de que nos traducen, para ponernos como tú nos ves en los estantes de tu biblioteca: bonitas, revestidas de colores, bien empastadas y hasta adornadas con listones; y en mi caso, con miles de notas, diagramas, mapas e ilustraciones. Este es la labor de artistas, diagramadores, litógrafos, correctores de pruebas e impresores, para mencionar sólo algunos. Pero hay muchos más. De la imprenta nos toman otras manos diligentes que nos empacan y transportan y otras no menos industriosas, firmemente convencidas de nuestra bondad, que nos distribuyen entre miles, millones de lectores; aquí es donde entran «colportores», libreros, distribuidores y, en general, los creyentes, que han hecho de la difusión y distribución bíblicas un ministerio, con lemas tan hermosos como «La Palabra de Dios: abierta para todos», «La Biblia, un mensaje de esperanza para el tercer milenio», y muchos más. Así es como hemos llegado a todos los rincones de la tierra.

La última aventura que tuve con mis Biblias, Señor, fue ayer por la tarde. Parece que todas las Biblias de mi biblioteca se hubieran puesto de acuerdo para enviarme un último mensaje condensado, con este hermoso ejemplar de tu Palabra de reciente adquisición, una Biblia gruesa y pesada en volumen pero rica y sustanciosa en contenido. En realidad no era una, sino cuatro Biblias en una. Cuatro versiones de tu Palabra, organizadas en cuatro columnas paralelas. ¡Qué cosa maravillosa, Señor! Mis ojos se movían de una columna a otra. Y cada movida me proporcionaba algo nuevo; era como comer a dos carrillos. Pasaba de una columna a otra; de una versión a otra, para reforzar lo que una decía, o aclarar y afinar lo que otra me enseñaba. La lectura y el estudio tomaban así una nueva dimensión y profundidad. Así me entretuve toda la tarde; y cuando estaba listo para cerrar esta maravillosa cuádruple versión de tu Palabra, la Biblia que tenía en mis manos me dijo:

¡Espera! No me cierres todavía que tengo un mensaje final para ti, y a través de ti para todos los que quieran escucharlo. Yo sé que en el diálogo de todos estos días tú has estado consciente de que nosotras no hablamos por nosotras mismas. Somos la voz de Dios. Traemos a quienes quieran leernos y escucharnos el mensaje de amor y salvación de nuestro Autor. El mismo mensaje que su Hijo, Palabra encarnada, trajo un día a la tierra. Y nuestro propósito es que a través de nuestra lectura, muchos lleguen al conocimiento del Hijo de Dios, y aceptándole, adquieran la salvación eterna.

Por otra parte, nuestras páginas, como tú mismo lo has comprobado, están llenas de mensajes, preceptos, orientaciones, historias y promesas. Todas ellas buscan el mismo propósito de contarte la bella historia de la salvación; comunicarte los planes de Dios para tu vida. Por eso diles a todos que sigan tu ejemplo. Que nos lean y estudien; y que lo hagan con frecuencia, ojalá diariamente. Que aquí estamos esperando a todas las personas de buena voluntad, para dialogar con ellas, animarlas, orientarlas y bendecirlas, en el nombre de nuestro divino Autor.

Además, queremos que nos interroguen sobre sus problemas e inquietudes. Que nos comuniquen sus cuitas y dolores. En nuestras páginas abundan las palabras de consuelo, perdón y fortaleza. Sabemos alegrarnos con los que están alegres; y sufrir con los que sufren. Y nuestra labor no terminará hasta no ver a todos los que han asimilado nuestro mensaje, descansar felices en el cielo.

Queremos, pues, hacernos amigas de todos: de niños, jóvenes, ancianos; de los enfermos, los encarcelados, los desconsolados; de todos los que necesitan orientación y ayuda, de los que quieren crecer en conocimiento y virtud.

¡Quién tuviera pies, como tú, para caminar, o alas, como las aves, para volar! ¿Por qué no me prestas tus manos y tus pies?

¡Qué bueno sería que muchos pudieran comprender que la generosidad de sus ofrendas y aportes a la obra bíblica son como las alas que nos permiten volar a muchas partes a hacer nuestra amorosa labor de orientación y salvación.

«Ha sido maravilloso hablar contigo, amigo», me dijo por último mi buena amiga, la Biblia de múltiples columnas, esta clase de diálogo es el que queremos sostener con todo el mundo. ¡Por favor, haznos circular! Si hemos sido de bendición para ti, ayúdanos a ser de bendición para muchos más.

Respuesta de Dios

Bueno, hijo, ¿qué más puedo decirte? Mi Palabra te lo ha dicho prácticamente todo sobre el tema. Aunque, no creas, este tema de mi Revelación difícilmente se agota, por eso, mi consejo para ti y para todos los que lean estas cartas es que no dejen pasar un día sin dialogar con mi Palabra. Aprenderán no sólo muchas cosas interesantes, sino verdades y hechos que son

necesarios que todos conozcan, pues en ellos les va su felicidad y salvación eternas.

Te felicito, hijo. Nos volveremos a encontrar en las páginas
de mi Libro.

Tu Dios

Cántico a
la Palabra de Dios

Señor, ¡cuánto amo yo tu ley!
Todo el día medito en ella.
Tus mandamientos me hacen más sabio que mis
    enemigos
porque me pertenecen para siempre.
Tengo más discernimiento que todos mis maestros
porque medito en tus estatutos.
Tengo más entendimiento que los ancianos
porque obedezco tus preceptos.
Aparto mis pies de toda mala senda
para cumplir con tu palabra.
No me desvío de tus juicios
porque tú mismo me instruyes.
¡Cuán dulces son a mi paladar tus palabras!
¡Son más dulces que la miel a mi boca!
De tus preceptos adquiero entendimiento;
por eso aborrezco toda senda de mentira.

Salmo 119: 97-104 (NVI)

VII

Carta de la oscuridad

¹ Escucha, oh Dios, mi oración,
  no pases por alto mi súplica.
² ¡Óyeme y respóndeme,
  porque mis angustias me perturban!
Me aterran ³las amenazas del enemigo
  y la opresión de los impíos,
pues me causan sufrimiento
  y en su enojo me insultan.
⁴ Se me estremece el corazón dentro del pecho,
  y soy presa de un pánico mortal.
⁵ Temblando estoy de miedo,
  sobrecogido estoy de terror.
⁶ ¡Cómo quisiera tener las alas de una paloma
  y volar hasta encontrar reposo!
⁷ Me iría muy lejos de aquí;
  me quedaría a vivir en el desierto.
⁸ Presuroso volaría a mi refugio,
  para librarme del viento borrascoso
    y de la tempestad.

Salmo 55:1-8

VII

El dios de las sombras

Querido Dios:

Hace ya varios meses perdí mi empleo. Desde entonces mi vida ha pasado por un tiempo oscuro y difícil. Sorpresa, frustración, rabia, desengaño; desilusión, depresión y desespero, son apenas algunos de los sentimientos que en olas sucesivas de dolor han azotado mi vida en este tiempo de prueba y desamparo. Conmigo han sufrido otros: familiares y amigos queridos, solidarios en el fracaso y el dolor, tanto como en el éxito y la felicidad.

Yo sé de otros que atraviesan otras oscuridades y horas de tinieblas. Padres desesperados que luchan por sacar adelante a sus hijos, pero estos se resisten, se entregan al vicio, dejan el hogar; pierden sus estudios o empleos. Esposos o esposas que, visitados por la muerte, se quedan solos después de vivir una vida de amor tierno, de lucha y trabajo, de realizaciones y pruebas, pero siempre juntos. Padres que lloran con sus hijos sus hambres y enfermedades, porque lo que ganan no alcanza para dos comidas al día, ni para ir al médico, mucho menos para lujos o diversiones.

Nubes y sombras. La vida está llena de ellas. Todos tenemos que atravesarlas tarde o temprano: sombras de dolor físico o moral; nubarrones de odios e injusticias; sombras de hambre, enfermedad y pobreza que se acercan amenazantes, trayendo en sus pliegues oscuros el sufrimiento y la muerte. Sombras de desengaños, de traiciones; de fracasos y caídas; de injusticias y persecuciones. ¡Sombras, sombras y más sombras...!

Alguien me dijo, Señor, que tú eres el «Dios de la luz»; pero también el «Dios de las sombras». Que la Biblia cuenta de tu presencia y acción en los momentos más oscuros de tu pueblo y de cada uno de tus hijos. Por eso me decidí a hablarte y pedirte que penetres en mis propias sombras y oscuridades y, como en el primer día de la creación, «hagas la luz».

Un hijo que se mueve en las sombras.

Respuesta de Dios

Querido hijo «ensombrecido»:

Conozco dos personas que estuvieron felices caminando durante tres años cerca a mi Hijo Jesucristo, guiados por la luz de su Palabra y ejemplo; pero fueron cubiertos con las sombras terribles del desengaño y la frustración que la muerte de mi Hijo suscitó en muchos de sus seguidores.

También ellos se quedaron sin empleo de la noche a la mañana. Pero sólo por un rato; porque mi Hijo Jesús los alcanzó en el camino de Emaús, cuando huían del olor al fracaso que se respiraba en la pequeña comunidad de creyentes de Jerusalén. Sus pensamientos y pláticas eran sombrías. Prácticamente habían perdido la fe y la esperanza. Del Maestro sólo recordaban la promesa «incumplida», según ellos, de resucitar al tercer día (Lucas 24:13-35).

Pero la presencia de mi Hijo y el libro que contiene mi Palabra, la Biblia, hizo el milagro. Comenzando por Moisés y siguiendo con los profetas, mi Hijo Jesús fue encendiendo una nueva luz de claridad eterna en la mente y corazones de estos dos pobres hombres angustiados. Y se los ganó de nuevo con el resplandor de su revelación, cuando junto a ellos partió el pan. El resto es una historia feliz de testimonio y alegría. Recobran la fe y su antiguo empleo, como obreros de mi Reino. Lo que te quiero decir, «*hijo ensombrecido*», es que siempre hay una luz al final del túnel. Debes tener paciencia, fe y perseverancia. Como con los dos de Emaús, yo camino contigo, en los pasajes sombríos de tu vida. Lo que pasa es que no te das cuenta. Necesitas fe, para sentir como el salmista cuando escribió el Salmo 23, y recitarlo con convicción en voz alta si es necesario, para que sirva a muchos de testimonio:

> «Aun si voy por valles tenebrosos,
> no temo peligro alguno,
> porque tú estás a mi lado»
>
> *(Salmo 23:4).*

La verdad es, hijo, que muchos no comprenden que yo me hago presente en la vida humana de muchas formas. Una de ellas, a través de la *experiencia de las tinieblas*. Las noches de insomnio, enfermedad y dolor; la oscuridad del misterio que rodea muchas de mis decisiones; las decisiones de los hombres que desbaratan ministerios, vidas y proyectos, sin que comprendas del todo sus razones; las sombras de la desorientación que envuelven la vida, cuando se pierde algo o alguien muy querido y no se sabe por qué; todo esto pertenece también al presupuesto de tu existencia mortal y en el trasfondo de mi voluntad soberana tienen algún propósito, que tú no conoces, pero que al final resulta ventajoso y provechoso para tu vida.

¿No te has dado cuenta de que muchos de los grandes actos de redención yo y mi Hijo los hemos realizado «*en medio de la noche*»? En medio de la noche ejecuté la orden de matar a los primogénitos de los egipcios como castigo a la resistencia a mi voluntad por parte del Faraón, empecinado en no dejar salir a mi pueblo injustamente esclavizado (Éxodo 12:29). Yo soy en verdad el Dios que vela por sus hijos durante la noche (Éxodo 12:42).

Basta con seguir mi luz. Muchas veces te envuelven las sombras, porque pierdes de vista la luz de mi presencia. Pero como hice con mi pueblo en el desierto, así haré contigo. No recuerdas que:

«De día yo iba al frente de ellos en una columna de nube, para indicarles el camino; y de noche, los alumbraba con una columna de fuego. De este modo podían viajar de día y de noche. Jamás la columna de nube dejaba de guiar al pueblo durante el día, ni la columna de fuego durante la noche» (Éxodo 13:21-22).

Sí, hijo. Yo soy el *Dios de la luz* y el *Dios de las sombras.* El Dios de todas horas. Me gusta la oración de mi siervo Isaías, cuando me identifica como un Dios «refrescante», que da «*sombra contra el calor*» (Isaías 25:4). Y me alaba diciendo:

«Porque tú has sido, en su angustia, un baluarte para el desvalido, un refugio para el necesitado. un resguardo contra la tormenta, una sombra contra el calor»

(Isaías 25:4).

No estaba equivocado el autor del *Cantar de los Cantares,* cuando refiriéndose al Amado, que me representa en ese hermoso canto, dijo: «*¡Qué agradable es sentarse a tu sombra*» (Cantares 2:3). Si quieres más ejemplos de cómo actúo en las sombras, recuerda no más lo que pasó a media noche en Belén. Los pastores conocieron la noticia del nacimiento de mi Hijo, «*mientras pasaban la noche en el campo, turnándose para cuidar sus rebaños*» (Lucas 2:8). El sacramento de la santa cena, hijo, fue instituido, «*la noche que* mi Hijo, *fue traicionado*» (1 Corintios 11:23). Sombras oscuras y espesas fueron las que testificaron la consumación del sacrificio redentor de mi Hijo en la cruz (Mateo 27:45).

Las sombras simbolizan muchas veces mi poder y protección. Para María, la madre de Jesús, mi Espíritu, el Espíritu Santo, se convirtió en sombra protectora, que como «*una nube poderosa*» la cubrió y fecundó; «*por lo cual el santo niño que nació de ella, se llamó Hijo de Dios*», mi Hijo, mejor conocido como Jesucristo (Lucas 1:35).

Para terminar, déjame decirte, hijo, que siempre hay luz después de la oscuridad. Que toda sombra trae por obra y gracia de mi amor nuevos resplandores de fe y esperanza. Que al dolor, sigue el alivio; a la muerte, la vida; a la prueba, la solución; a la noche, un nuevo amanecer. Debes creer, con mi profeta Isaías, por mal que te sientas, y por cerrado que veas tus horizontes que pronto «*convertiré en luz tus tinieblas y allanaré los lugares escabrosos. Eso haré y no te abandonaré*» (Isaías 42:16).

¡Ánimo, hijo! Que tú perteneces a mi Reino. Y la luz es el símbolo de mi reino. Tú sigues a mi Hijo, quien es «*la luz del mundo*» (Juan 9:5). «*Luz que resplandece en las tinieblas y las tinieblas no prevalecerán contra ella*» (Juan 1:5, RVR). No importa qué clase de sombras o tinieblas. No prevalecerán. Tú eres «*hijo de la luz*» (Juan 12:36). Y estás predestinado a un futuro luminoso. Mira no más y trata de descubrir dentro de las sombras y nubes que a veces te rodean a «*alguien semejante al Hijo del hombre*» (Apocalipsis 14:14). Es mi Hijo que viene a anunciarte salvación, la solución al problema de las sombras y las incertidumbres, el fin de la oscuridad y del dolor; y el principio de un nuevo día de felicidad, presagio de aquel día definitivo, cuando «*mi Hijo vendrá sobre las nubes del cielo con gran poder y majestad.*» Entonces yo mismo enjugaré toda lágrima de tus ojos y de los ojos de los que sufren; «*y ya no habrá muerte, ni llanto, ni lamento, ni dolor...Ya no habrá noche. Y no necesitarán luz de lámpara, ni de luz de sol, porque yo, el Señor Dios, los alumbraré. Y reinarán por los siglos de los siglos*» (Apocalipsis 21:4 y 22:5).

Tu Dios «*luminoso*»

Oración del desesperado

Aunque nada veo y nada siento,
y hasta pronunciar tu nombre me cuesta,
quiero hablar contigo,
alabarte, con las pocas fuerzas
que me restan.

Tú, Señor, has estado siempre presente,
en mis oscuridades,
en mis pozos sin fondo.
Y en mis sombras y tinieblas,
fuiste siempre un punto de luz.

Te he creído ausente,
pero nunca te has ido.
He pensado dejarte,
y no lo he logrado.
Siempre has vencido

Eres como la piel que no puedo quitarme,
y el destino de mis gritos y reclamos.

En las noches de mi alma y cuerpo,
te veía velando,
mirándome con tus ojos grandes
llenos de amor y comprensión.

Quiero hablarte esta noche;
gritarte desde el fondo de mi desengaño:
Ayúdame a aceptar lo inevitable,
que no puedo cambiar;
a cambiar, con tu ayuda, lo que sí puedo;
y dame la sabiduría
de quien sabe confiar y esperar.

Que aprenda a comprender
que la luz vendrá, después de la noche;
y que al invierno triste y estéril
sigue siempre la primavera.

¡Señor, ayúdame a vivir en esperanza!

L.J.C.

VIII

Carta de la Solidaridad

¹⁶ Y nosotros hemos llegado a saber y creer que Dios nos ama.

Dios es amor. El que permanece en amor, permanece en Dios, y Dios en él. ¹⁷Ese amor se manifiesta plenamente entre nosotros para que en el día del juicio comparezcamos con toda confianza, porque en este mundo hemos vivido como vivió Jesús. En el amor no hay temor, ¹⁸sino que el amor perfecto echa fuera el temor. El que teme espera el castigo, así que no ha sido perfeccionado en el amor.

1Juan 4:16

¹⁹ Nosotros amamos a Dios porque él nos amó primero. ²⁰Si alguien afirma: «Yo amo a Dios», pero odia a su hermano, es un mentiroso; pues el que no ama a su hermano, a quien ha visto, no puede amar a Dios, a quien no ha visto. ²¹Y él nos ha dado este mandamiento: el que ama a Dios, ame también a su hermano.

1Juan 4:19-21

VIII

¿Y de los «otros»... qué?

Querido Dios:

Quiero contarte lo que me pasó ayer. Fue en pleno centro de la ciudad: dos chicos robustos se trenzaron en una feroz pelea. La gente fue llegando a hacer rueda a su derredor; gritaban y los azuzaban, como si fueran gallos de pelea; comentaban, se reían, aplaudían, como en un circo. Parecía que la sangre, los vestidos destrozados, los golpes y la ira creciente de los combatientes enardecían y excitaban más y más al público. No pude aguantarme; de un salto me metí entre los dos contendientes y les increpé su conducta salvaje. Hubo quienes me silbaban y me reclamaban, airados por haber echado a perder el espectáculo. Esta gente como que goza con el dolor humano y se sienten retribuidos de alguna manera con la ira y el odio que dividen a las personas y las enfrentan hasta hacerlas enemigas.

Pero hay más. Todos los días la prensa nos narra de casos terribles de dolor, abandono, persecución, hambre, enfermedad y soledad por las que pasan miles, muchos de ellos vecinos nuestros. Y no tenemos que leerlo en los periódicos, porque lo vemos a cada rato en las aceras de nuestras calles y avenidas; debajo de los puentes, en los basureros y en los parques en donde se refugian los que no tienen techo, los limosneros, los viciosos; jóvenes y ancianos abandonados; niños sin padres y hombres y mujeres sin patria, trabajo y hogar.

¡Dolor! ¡Mucho dolor! Sufrimiento y soledad que reclaman un corazón solidario y generoso que quiera salir de su egoísmo e ir al encuentro del prójimo en su miseria. Y lo más triste es que todo esto pasa en un país y un pueblo que se llaman cristianos. Me perdonas, Señor, pero si esto es cristianismo tu Hijo Jesucristo parece haber perdido su tiempo y trabajo, cuando estuvo aquí en la tierra.

Todavía hay, sin embargo, muchos optimistas que me dicen que, a pesar de todo, tu Evangelio y las enseñanzas de tu Hijo Jesús, siguen vigentes y de hecho hacen la diferencia para muchos en este mundo cruel. Bueno, me dije, voy a preguntárselo a ver si es verdad; porque me he propuesto no dar vueltas cuando tengo problemas, sino ir directamente a ti. Al fin y al cabo tú eres el Dios que conjugas maravillosamente la «misericordia y la verdad» (Salmo 85.10).

Como siempre, afectuosamente,

Tu hijo preocupado.

Respuesta de Dios

Queridísimo hijo «preocupado»:

Tus preocupaciones son las mías y fueron las que motivaron la predicación y ministerio de compasión solidaria de mi Hijo, en medio de ustedes los mortales, allá en la tierra.

Efectivamente, el egoísmo, la falta de solidaridad y amor entre las personas es como la raíz de todos los males y pecados que afectan a la raza humana. Casos como el que tú describes dan la razón al filósofo pagano, Plauto, que escribió que «el hombre es un lobo para el hombre.» Más me gusta lo que dijo otro filósofo también pagano, Terencio, que hasta cierto punto revela como un anticipo de la filosofía cristiana que mi Hijo iba a llevar a la tierra: «Soy hombre y nada de lo humano me es extraño.» Claro, que mi Hijo Jesús lo dijo mejor y más completo, cuando explicó que la solidaridad entre los hombres debía llegar hasta «...amar a los enemigos, hacer bien a quienes nos odian, bendecir a quienes nos maldicen y orar por los que nos maltratan» (Lucas 6: 27). Y si recuerdas bien, dijo el porqué: «Porque así tendrán una gran recompensa, y serán hijos del Altísimo, porque él es bondadoso con los ingratos y malvados.» Y luego remató con la terminante conclusión que a muchos cristianos se les ha olvidado practicar: «Sean compasivos así como su Padre es compasivo» (Lucas 6:35-36).

Y no debía ser de otra manera. Si recuerdas bien, hijo, yo creé al hombre para vivir en comunidad. Es que, como lo dije entonces, lo reafirmo ahora: «No es bueno que el hombre esté solo..» (Génesis 3:18). Todos necesitan de todos porque cada individuo, por bueno y completo que se crea, tiene vacíos, limitaciones, fragilidades, defectos y pecados que lo hacen digno de conmiseración y necesitado de ayuda.

Unos lo tienen todo en lo material, pero arrastran mil miserias en su espíritu. Algunos son más ricos de bienes del espíritu y otros son pobres de cuerpo y alma; unos y otros necesitan de alguien que tenga piedad de sus males y miserias y se haga solidario con su flaqueza y pobreza. Nadie podría expresar mejor cómo es que funciona esta solidaridad humana, que mi Hijo. ¿Recuerdas la quinta bienaventuranza?: «Dichosos los compasivos, porque serán tratados con compasión» (Mateo 5:7). ¡Nadie podría decirlo mejor!

Y es que la mejor manera de hacernos sensibles al dolor del prójimo es haber sentido el dolor en carne propia. Ser compasivos por condescendencia no vale. «Compasión» significa «padecer con»... Hay que estar como emparentados unos con otros en el dolor, la pobreza y las necesidades. Ustedes tienen allá abajo muchas ligas, clubes y asociaciones y sindicatos.

Deberían crear como una «liga secreta» de la solidaridad en las pruebas y sufrimientos; una especie de «sindicato para defenderse del dolor» atacándolo con las armas del amor y la solidaridad. A este sindicato deberían pertenecer todos los hombres y mujeres sin excepción; y se me hace que sería un buen principio para hacer a vuestro mundo auténticamente «cristiano.» Por lo menos eso fue lo que impulsó a mi Hijo a hacerse uno más de vosotros, allá en la tierra. No tienen ustedes, los hombres «un sumo sacerdote incapaz de compadecerse de sus debilidades, sino uno que ha sido sometido a todas las pruebas, con excepción del pecado...» (Hebreos 4:14-15).

Convéncete, hijo, de que el más miserable de todos es el que piensa que todo lo tiene y que no necesita de nadie o el que, teniendo mucho o poco, se hace insensible a las necesidades ajenas. Estos tales viven en el mundo de las máscaras: el mundo de los que hacen una virtud de su insensibilidad y se vanaglorian de su suficiencia; pero por dentro están llenos de miserias.

Y con máscaras nadie puede ser feliz. Las apariencias e hipocresías hacen vivir al individuo una vida desgraciada, doble, falsa, escondida en parte y rodeada del temor de que descubran la otra parte que no les favorece. En cambio «la verdad es siempre liberadora» (Juan 8:32). Hay que conocer la verdad, toda la verdad; la verdad de las propias miserias y la de las miserias ajenas. Sólo el hambriento conoce de la satisfacción de comer y puede compadecerse de los que sufren hambre. Y así, con todos los vacíos y limitaciones de la vida: en tu corazón y vida, como en la vida y corazón de todos los que te rodean, anida un ansia natural por la felicidad que busca ser satisfecha. El sediento que llevas dentro de ti pide bebida. Desnudo y desprotegido sientes frío y miedo y quieres arroparte y protegerte.

Eres preso de mil cadenas físicas, morales y espirituales, y clamas por libertad. Tus enfermedades, como las de los otros, esperan remedio. Si eres ignorante te sientes restringido y anhelas la luz. El que duda busca el consejo y la orientación que le lleve a la certeza. El afligido quiere ser consolado. La injusticia

reclama justicia y el ofensor quiere ser perdonado. Y todos, todos buscan amor.

Es en este mundo de indigencias donde se debe mover con
agilidad mi Evangelio y los postulados de mi Palabra para hacer que el hombre salga al encuentro del hombre; y vuestro
mundo sea más amable y menos cruel; más claro y hermoso,
con la claridad de mi Amor y la hermosura de la *solidaridad* y
compasión que enseña mi Palabra y fue el tema permanente de
la predicación y enseñanza de mi Hijo. Este amor hace solidario al hombre con el dolor del hombre; vence el egoísmo y destruye las barreras del odio y de las discriminaciones:

> «...el amor es paciente, es bondadoso. El amor no es envi-
> dioso ni jactancioso, ni orgulloso. No se comporta con ru-
> deza, ni es egoísta, no se enoja fácilmente, no guarda ren-
> cor. El amor no se deleita en la maldad, sino que se
> regocija con la verdad. Todo lo disculpa, todo lo cree,
> todo lo espera, todo lo soporta» (1 Corintio 13:4-7).

Comprenderás, hijo, que esta clase de amor es fruto de corazones renovados por mi gracia; corazones verídicos y hones-
tos, que, reconociendo humildemente sus limitaciones y miserias, comprenden las limitaciones y miserias de su prójimo y
salen a su encuentro armados de compasión a dar de sí mismos, para llenar las necesidades y vacíos de sus hermanos.

Déjame felicitarte por tu valiente gesto de compasión y solidaridad con los dos muchachos «peleadores.» Para ayudar a
otros hay que arriesgarse. Colocarse cerca a los demás; untarse
de su sudor y lágrimas, sentir la agitación de su corazón y las
mordidas de su dolor y frustración...

El amor efectivo al prójimo es una «aventura» que siempre
exige un gasto de nuestro YO, una renuncia a nuestra comodidad y egoísmo. ¡Lo hiciste muy bien, hijo! Ojalá otros aprendan de tu ejemplo.

Con todo mi amor:

Tu Dios compasivo y solidario

Oración de la solidaridad

Señor,
   Hazme sentir aquí muy dentro la gloriosa realidad de tu amor.
   Que pueda comprender el tremendo honor de ser tu hijo, y te reconozca, en todos mis actos, como mi Padre.
   Que me sienta santamente orgulloso de pertenecer a la familia de tus hijos, los hijos de Dios, redimidos por la sangre de Jesucristo; y reconozca a mis hermanos, todos los hombres y mujeres, por quienes Cristo derramó su sangre en el Calvario, y aprenda a ser responsable de los mismos.
   Enséñame a practicar, para tu gloria, y para bien de mis hermanos, la difícil virtud de la solidaridad.
   Que aprenda a vivir la verdad evangélica de que amar a Dios y al prójimo es una misma cosa, y que no puedo ser cristiano, ni casi que humano, sin estar preocupado por los demás, especialmente por los más pobres, los desheredados, los despreciados.
   ¡Ayúdame, Señor, a ser un testimonio viviente de tu amor!

L.J.C.

IX

Carta sobre el fracaso

¹ Atiéndeme, SEÑOR; respóndeme,
   pues pobre soy y estoy necesitado.
² Presérvame la vida, pues te soy fiel.
   Tú eres mi Dios, y en ti confío;
   ¡salva a tu siervo!
³ Compadécete, Señor, de mí,
   porque a ti clamo todo el día.
⁴ Reconforta el espíritu de tu siervo,
   porque a ti, Señor, elevo mi *alma.
⁵ Tú, Señor, eres bueno y perdonador;
   grande es tu amor por todos los que te invocan.
⁶ Presta oído, SEÑOR, a mi oración;
   atiende a la voz de mi clamor.
⁷ En el día de mi angustia te invoco,
   porque tú me respondes.

Salmo 86: 1-7

IX

¿Por qué tenemos que fracasar?

Querido Dios:

Soy lo que llaman un «líder» y pudiera representar a cualquiera que tenga responsabilidad de dirigir a otros: un gerente, maestro, pastor o sacerdote; director de alguna organización o grupo cívico, económico o social; jefe militar, religioso o laboral: *un líder.*

Quería compartirte mi frustración porque muchas veces las cosas no me salen bien. Si doy una orden, son muchos los que la desobedecen. Si me propongo algo que creo importante para mi empresa u organización, no faltan los que critican mis planes y dañan el espíritu de todo el grupo. Si tomo alguna medida que favorezca a alguien, reconociendo sus méritos, se crean las envidias y recelos y se forman las divisiones. Me siento con frecuencia rodeado de mucha hipocresía, cuando no abierta oposición. Tú sabes, Señor, lo desagradable que es sentirse fracasado; experimentar la humillación de haber fallado, la ausencia de los aplausos y reconocimientos y hasta la no disimulada alegría de los rivales y enemigos.

Quisiera escuchar una palabra tuya que me ayude a mí y a muchos otros que buscamos el éxito como la meta permanente de nuestra vida; pero, con frecuencia, nos sentimos abocados a morder el polvo del fracaso.

Tu hijo fracasado

Respuesta de Dios:

M i querido hijo «fracasado»:

Quiero contarte, o mejor, repetirte, porque tú ya debes conocerla, la historia de mi siervo Moisés:

Casi todo lo que este señor se propuso, le salió al revés. Nació condenado a muerte por el faraón de Egipto, como primogénito de una familia judía. Perdió a su madre natural desde su cuna, cuando esta, para salvarle la vida, lo arrojó al torrente del río Nilo, en una canastilla. Rescatado de las aguas por una princesa egipcia, llegó a ser importante en la corte del faraón, donde, bien educado y respetado, vivía una vida cómoda. Todo este mundo dorado, sin embargo, se derrumbó, cuando llevado de su orgullo nacionalista asesinó a un capataz egipcio que maltrataba a uno de su tribu. Y tuvo que huir.

Quiso reconstruir su vida en el exilio. Y en tierras de quien sería su suegro, Jetro, ganadero rico e importante y sacerdote de su clan, se hizo pastor próspero, casándose con una de las hijas del jefe beduino. Pero esta nueva comodidad tampoco le iba a durar mucho tiempo.

Un día, yo mismo me le aparecí detrás de una zarza. Fui a incomodarlo y a desbaratarle su nueva tranquilidad. El resto de la historia tú la conoces bien: su presencia y acción ante el faraón; las aventuras dolorosas y sangrientas de las plagas; el sacrificio de los primogénitos; el paso del Mar Rojo y la marcha tediosa, accidentada y difícil por el desierto, dirigiendo a un pueblo necio, testarudo y rebelde.

Esta marcha del que se suponía era «mi pueblo» y que concluyó con la Alianza, y muchos de los acontecimientos que constituyeron su marco histórico y social, no fueron precisamente «una empresa de éxito.»

Moisés fue un fracasado en muchos sentidos. Murió sin pisar el país, meta de sus anhelos y desvelos. La historia auténtica de este formidable guía de multitudes no es la historia de una marcha triunfal, sin tropiezos ni contrastes. Es más bien la historia de un caudillo esforzado, en lucha permanente por sacar adelante los destinos de un pueblo extraviado y errante en las arenas del desierto; pueblo que una y otra vez falla y ofrece resistencias a la voluntad de su Dios, «que los sacó de Egipto, país donde fueron esclavos» (Éxodo 13.14); y le crea mil dificultades al caudillo escogido por mí para llevarlo a su destino. Toda una generación tuvo que desaparecer antes de alcanzar la tierra prometida, porque se habían mostrado incapaces e indignos de recibir mis promesas.

La Biblia, hijo mío, no es siempre una historia de triunfos, sino más bien, con frecuencia, de caídas y fracasos que toman sentido en la perspectiva de mis planes últimos y superiores; planes que se cumplen cuando llega el «tiempo oportuno», según lo dispuesto por mi voluntad.

Y los grandes líderes no son siempre los que han salido adelante con «sus sueños» según ellos los concibieron, sino los que, como mi mismo Hijo, Jesucristo, saben decir en el momento de la aparente derrota: «...no se cumpla mi voluntad, sino la tuya» (Lucas 22.42).

Mis líderes son hombres y mujeres de fe, confianza y esperanza, dispuestos a someterse con humildad a mis designios; y no orgullosos capitanes de sus «propias empresas» que arrollan a todos con su arrogancia por el triunfo obtenido, y maldicen su suerte cuando algo no les sale como quieren.

Mi Palabra no da de por sí un especial valor al éxito; y cuando lo anuncia y recomienda, lo acompaña siempre de grandes sacrificios y mucho esfuerzo y perseverancia. Los caminos del éxito en la Biblia, hijo mio, están empedrados de muchos fracasos previos.

Quien analiza la historia de mi siervo Moisés advierte que en ella se mezclan los grandes éxitos, con numerosos fracasos. Tal vez más fracasos que éxitos. Pero hay un tercer elemento presente en la vida de este mi fiel siervo. En medio de sus fracasos y frustraciones apuntó siempre *una esperanza superior*. Esperanza basada en la certidumbre de su *fe* gigante, que le hizo humilde; mi humilde siervo Moisés.

Por eso Moisés estuvo siempre dispuesto a recomenzar; a reemprender la marcha; a insistir con su pueblo, siguiendo mi voz, atendiendo mi llamado; e hizo de cada fracaso una ocasión para confiar en mí y un nuevo desafío para seguir adelante. Yo no soy, hijo mío, el Dios de los éxitos fáciles e inmediatos. Soy el Señor de las empresas difíciles y de los líderes esforzados y valientes (Josué 1.9). Y si quieres nombres te doy unos pocos: Abraham, Jacob, Josué, David, todos mis profetas, los dos Juanes del Evangelio, Pedro, Pablo y por encima de todos, mi Hijo Jesús. También hay valientes mujeres, entre los líderes abanderados de mi causa. Aquí sí que es verdad que al lado de un gran hombre aparece casi siempre una «brava mujer»: Sara, Rebeca, Débora, Ester, varias de las Marías y muchas líderes femeninas que contribuyeron al ministerio de mi Hijo allá en la tierra y al establecimiento de mi Iglesia. Todos y todas buscaron triunfar, sacar adelante sus ideales; algunas veces fallaron, fracasaron; pero nunca desfallecieron. El secreto de su fortaleza lo puedes descubrir en su fe y confianza en Quien los había llamado.

Yo soy el Dios que llamo y exijo; pero sé mantener mis promesas aunque estas tarden en realizarse; y lo importante es que ni tú, ni ninguno de los que tú llamas «líderes fracasados o frustrados» me pierdan de vista. ¡Ánimo, hijo! y... ¡Adelante...! Te acompañan mi amor, simpatía y poder.

Tu Dios

Oración para evitar el fracaso

Señor,

Libra mis ojos de la muerte;
dales la luz que es su destino.
Yo, como el ciego del camino,
pido un milagro para verte.

Haz de esta piedra de mis manos
una herramienta constructiva;
cura su fiebre posesiva
y ábrela al bien de mis hermanos.

Que yo comprenda, Señor mío,
al que se queja y retrocede;
que el corazón no se me quede
desentendidamente frío.

Guarda mi fe del enemigo
(¡tantos me dicen que estás muerto...!)
Tú que conoces el desierto,
dame tu mano y ven conmigo. Amén.

L.J.C.

X

Carta de la felicidad

[3] «Dichosos los pobres en espíritu,
  porque el reino de los cielos les pertenece.
[4] Dichosos los que lloran,
  porque serán consolados.
[5] Dichosos los humildes,
  porque recibirán la tierra como herencia.
[6] Dichosos los que tienen hambre y sed de justicia,
  porque serán saciados.
[7] Dichosos los compasivos,
  porque serán tratados con compasión.
[8] Dichosos los de corazón limpio,
  porque ellos verán a Dios.
[9] Dichosos los que trabajan por la paz,
  porque serán llamados hijos de Dios.
[10] Dichosos los perseguidos por causa de la justicia,
  porque el reino de los cielos les pertenece.

Mateo 5:3-10

X

Y... ¿dónde está la felicidad?

Querido Dios:

Esta es la pregunta que todo mundo se hace. Alguien dijo que la existencia humana carece de sentido, sin la búsqueda de la felicidad. Sin embargo, es tan esquiva. Y tantos eran el blanco, cuando la buscan donde no se encuentra: el placer, los honores, el poder o las riquezas. Son todos estos bienes pasajeros que pueden hacernos transitoriamente felices, pero que al desaparecer, nos dejan peores: frustrados, vacíos, sumidos en el desengaño y la tristeza. Precisamente, en un estado contrario al de la felicidad.

Yo sé, Señor, que tu Palabra tiene grandes pasajes acerca de este tema. Trozos hermosos del Antiguo y Nuevo Testamento que se identifican como «bienaventuranzas.» ¿A quién, pues, mejor que tú, puedo preguntarle dónde se esconde este preciado bien y cómo puede conseguirse de verdad?

Tu hijo inquieto y no tan feliz.

Respuesta de Dios

Querido hijo inquieto, un poco infeliz:
Tienes razón. Para comprender la existencia humana en lo más sustancial, hay que preguntar por su felicidad. Pero lo paradójico es que allá abajo, nadie es completa y definitivamente feliz, porque felicidad completa es perfección, y esta sólo se logra, después de la muerte, aquí a mi lado, en la eternidad. Por eso, si quieres describir la felicidad perfecta, tendrás que descubrir la lengua que hablan los «bienaventurados», aquí en el cielo.

Sin embargo, puedes intentarlo, con mi ayuda y la ayuda de mi Palabra. Al menos podrás descubrir la condiciones fundamentales de las que nace la felicidad. Mi Hijo las redujo a ocho:

La primera es **desprendimiento**. Otros la llaman *«pobreza de espíritu o en el espíritu»*, que no es necesariamente privación de bienes materiales, sino más bien como una actitud existencial frente a los bienes pasajeros de la vida terrena. Quien practica «la pobreza en el espíritu» descubre, como persona, que él es mucho más que todo lo que tiene o pueda adquirir; y renuncia a equiparar su ser auténtico, con lo que tiene o posee transitoriamente, como bienes o valores temporales. Esta, hijo, es una resolución fundamental que abre tu ser y tu pensamiento a la libertad. No permitirás que tu vida se restrinja por ninguna cosa, ni que tu camino hacia la eternidad se vea interceptado por ninguna conquista terrena. Dicho con las palabras de mi Hijo: *«¿De qué sirve ganar el mundo entero si se pierde la vida? ¿O qué se puede dar a cambio de la vida?»* (Mateo 16:23).

El hombre «desprendido», que cultiva la pobreza de espíritu vive con la sensación de una continua liberación, que establece el deseado equilibrio del alma, patrimonio exclusivo de los seres felices. Sabe que nadie le puede arrebatar la paz de su ser íntimo. Va al encuentro de todas las felicidades, fresco y sin cuidado; y regresa de disfrutar de las mismas, libre de nuevo, sin dejarse ligar por ninguna de ellas. Puede dedicarse a cualquier cosa, detenerse a contemplar tranquilamente la belleza y bondad del mundo; pero puede también hacerse presente a las preocupaciones y necesidades de los hombres. No se aferra a nada; ni se deja trastornar por nada. Está siempre abierto a un presente siempre nuevo. Gracias a su libertad de lo material y perecedero, adquiere el don y capacidad de la reflexión y la contemplación de lo eterno. Es entre estos, los desprendidos, los reconocidos como «pobres en espíritu», donde surge un mundo nuevo que supera las fronteras de este mundo; un reino de lo eterno, seguro y permanente. Para ellos pronunció mi Hijo la primera bienaventuranza: «Dichosos los pobres en el espíritu, porque el reino de los cielos les pertenece» (Mateo 5:3).

La segunda condición para la felicidad es la compasión; o si quieres la solidaridad; o como otros la llaman la empatía espiritual. La pobreza en espíritu, al desprenderte de tu egoísmo, te capacita para estar con otros. Y no es sólo una capacidad de comprensión y lástima, sino de participación en el destino y necesidad de tu prójimo. Especialmente en la existencia y suerte de los más oprimidos, despojados y humillados. A ejemplo de mi Hijo Jesucristo, sabrás incluir entre tus invitados al banquete de tu vida no sólo a «tus hermanos, parientes y vecinos ricos..., sino a los pobres, a los inválidos, a los cojos y a los ciegos». Fíjate en la conclusión de mi Hijo: «Entonces serás dichoso, pues aunque ellos no tienen con qué recompensarte, serás recompensado en la resurrección de los justos» (Lucas 14:12-14).

La actitud motriz de la compasión debe buscarse en el desprendimiento de sí mismo; en ese «más del amor», que te hace estar dispuesto a dejarte alcanzar por las sombras del dolor ajeno. Sólo esta clase de personas aprenden a experimentar la dicha del desprendimiento de sí mismos y de la solidaridad con el dolor del prójimo. «Compasión», viene de dos términos latinos, pateare c/m., que significan: «padecer juntamente con». Los seres compasivos son los que participan de los padecimientos, dolores y pruebas del prójimo, como si fueran propios.

Estos reciben consuelo, consolando a los demás. Mi Hijo los identifica en su segunda bienaventuranza: «*Dichosos los que lloran, porque serán consolados*» (Mateo 5:4).

La tercera condición para la felicidad es la **mansedumbre**, como fruto de la **humildad**. La alegre disponibilidad que te proporciona el desprendimiento (pobreza en espíritu), te abre al sufrimiento de los demás; a la compasión y a la consolación. Estas raras virtudes, hijo, hacen la vida para todos más amable y prestan a los que las practican cierta «elegancia espiritual.» Cierta inmutabilidad ante los golpes, oposiciones o problemas, propia de los que cultivan la mansedumbre: esa elegante virtud que lució esplendorosamente en mi Hijo. Para ser manso hay que tener valor; valor para la suavidad, cuando las cosas se muestran ásperas; valor para la tranquilidad, cuando todo se torna difícil, y te entra la tentación de rebelarte, alterarte, darle rienda suelta a la pasión de la ira y de la venganza. Contrario a lo que muchos creen, la mansedumbre no es una virtud de los débiles, sino de los interiormente grandes y fuertes, que saben colocarse por encima del montón que sólo saben devolver «ojo por ojo y diente por diente.»

La mansedumbre hace feliz al que la posee, porque trae la paz y se presenta en muchas formas. Es madre legítima de la moderación y la mesura. Detesta la violencia y puede descubrirse aun exteriormente en los modales tranquilos, en la mirada apacible, la suavidad en el hablar y la delicadeza en el trato a los demás.

Mi Hijo Jesucristo llevó esta virtud a su más alta expresión, cuando enseñó el amor aun a los enemigos, que de ninguna manera significa claudicación ante la injusticia, o falta de valor para defenderse del ataque injusto. El amor al enemigo revela grandeza de espíritu en quien lo practica. Es la egregia actitud del alma fuerte que dice a quien lo ofende o persigue: «No quiero vencerte, aunque tengo poder para hacerlo; no quiero humillarte, aunque me sobran razones; no quiero responderte mal con mal. Porque siento que tienes necesidad de perdón y amor, te los entrego gustoso». Claro, hijo, que se necesita mucha fuerza y libertad de corazón para practicar esta clase de mansedumbre de grado sumo. Pero quienes lo logran se colocan por encima de las pasiones bajas de la venganza, el rencor y el odio, que afean la vida y siembran de espinas y dolores las relaciones entre tus semejantes. Por eso, hijo, ser manso es un buen negocio, como medio para asegurarte una vida tranquila, elegante y serena, incluso en ese mundo revuelto y vengativo en el que vives. Acertó pues mi Hijo al afirmar: «*Dichosos los mansos y humildes, porque recibirán la tierra como herencia*» (Mateo 5:4).

La cuarta condición de la felicidad es el deseo o sed de **justicia**. También la llaman ecuanimidad. Muchos se preguntan si se puede ser transparentemente verídico, sin tener que disimular o aparentar. Si se puede ser bondadoso, sin ser utilizado o engañado. Si se puede mostrar riqueza interior, ser «hermoso por dentro», sin despertar envidias, ni exponerse al ridículo. En una palabra, ¿se puede ser verdadero, bueno, singular y bello y encontrar en ello satisfacción, y al mismo tiempo vivir en paz y ser feliz?

Mi profeta Isaías pinta un cuadro ideal de paz, que tiene mucho que ver con lo que estamos hablando, hijo. Repasémoslo juntos:

«El lobo vivirá con el cordero, el leopardo se echará con el cabrito, y juntos andarán el ternero y el cachorro de león y un niño pequeño los guiará.

La vaca pastará con la osa, sus crías se echarán juntas y el león comerá paja con el buey.

Jugará el niño de pecho junto a la cueva de la cobra, y el recién destetado meterá la mano en el nido de la víbora.

No harán ningún daño ni estrago en todo mi monte santo, porque robosará la tierra con el conocimiento del Señor, como rebosa el mar con las aguas» (Isaías 11:6-9).

La belleza de esta «poesía profética» radica en el

sorprendente ambiente de paz que nos describe, y en la casi imposible realidad que nos muestran tantas imágenes contrapuestas que no casan. Según esto, el verdadero orden de las cosas, donde reine armonía, justicia y paz, aunque bello y admirable, está por encima de nuestra comprensión y deseos; es prácticamente inalcanzable. Pero, aunque este estado de justicia y paz no sea todavía una realidad, hay hombres y mujeres allá abajo, que trabajan por su realización. Yo los llamo «promotores de justicia.» Estos se constituyen, con mi beneplácito, en voz de los que no tienen voz; en sembradores de paz y promotores de esperanza para los desesperanzados. Su felicidad consiste en ver a otros felices. Sienten el hambre de otros muy dentro en su ser y quieren satisfacerla: hambre de alimento físico, pero también, hambre de verdad, hambre de justicia, hambre de paz. A estos los identifica mi Hijo como los *«hambrientos y sedientos de justicia.»* Y son *«dichosos y bienaventurados, porque serán saciados»* (Mateo 5:6).

La quinta condición de la felicidad es la **misericordia**, que se resuelve en solidaridad. Las almas nobles, desprendidas de su yo, se sienten solidarias con los que sufren. Lo hacen así, no por condescendencia o amabilidad, sino porque participan del mismo destino y necesidad de sus congéneres de la raza humana. La misericordia es esa bella virtud que te hace sensible a las necesidades y carencias de tu prójimo: a su deseo de alimento cuando siente hambre, o de bebida cuando lo acosa la sed; a la búsqueda de vestido para cubrir su desnudez; o de amistad y compañía para desterrar su soledad. El hombre y la mujer misericordiosos comprenden por qué el preso sueña con la libertad, el enfermo con la salud, el perdido o desterrado con la patria.

El misericordioso quiere salir al encuentro de la miseria y necesidad humanas. Comprende que no puede tomar sobre sí mismo ni el dolor, ni el pecado, ni el descarrío de los demás. Estas no son mercancías comerciables. Así como nadie puede tomar sobre sí tu nacimiento o tu muerte, así tampoco puede tomar tu decaimiento y fragilidad. Pero alguien que ha vivido el dolor de una existencia sufriente sí puede sentarse a tu lado cuando te sientas triste o desorientado. Entonces ya no estarás solo en tu tristeza. Alguien ha tenido compasión de ti, y te ha consolado. Yo, hijo, y Jesucristo mi Hijo, te hemos dado ejemplo de misericordia y compasión. La venida de mi Hijo al mundo es el acto mayor de misericordia y compasión, pues con la encarnación nos pusimos del lado del pecado y sufrimiento humanos, para perdonarlo y resolverlo. Hay así muchas almas grandes que tienen el valor de contarse a sí mismos en el mundo de los abandonados, y salir al encuentro del sufrimiento ajeno, con amor, comprensión y consuelo. A esta clase de hombres y mujeres los identificó mi Hijo Jesús, como «los compasivos o misericordiosos, que encontrarán misericordia y serán tratados con compasión» (Mateo 5:7).

La *sexta condición de la felicidad tiene un nombre que suena un poco raro a los oídos contemporáneos:* **pureza.** Hasta aquí hemos tratado de describir la figura interna del hombre feliz, contemplando el elemento central de la alegría humana: el desprendimiento de sí mismo, del egoísmo, y la apertura generosa hacia los demás. Agreguemos ahora un elemento más: la limpieza del alma, que alguien ha definido como «la existencia como transparencia.» Esa rara virtud que hace desaparecer de tu vida lo que es sucio, opaco, inconveniente, y todo lo que tiene el olor nauseabundo del pecado. La pureza de corazón te hace transparente, hijo, ante mis ojos, y a los ojos de los demás, porque destierra de tu vida y conducta la hipocresía y la simulación; la torpeza y sinuosidad de los deseos y pensamientos inconfesables y oscuros. Nace entonces en tu vida una nueva claridad y transparencia que serena tus sentidos, endereza tus propósitos y aclara tu vista exterior e interior para descubrirme a mí, tu Dios, en toda la plenitud de mi belleza y grandeza. Todo esto trae a tu alma un raro bienestar de alegría y salud, que se comparte con los demás. Nacen entonces la magnanimidad, la generosidad, la tolerancia y la fraternidad. El ser puro posee una fuerza especial que muchos no pueden explicar. Es la fuerza de la claridad, de la transparencia, de la luz. Es la fuerza de la belleza interior, de la virtud. Una fuerza divina que brota de mí mismo y lució esplendorosamente en la persona de mi Hijo, quien la recomendó, como seguro camino hacia la felicidad: «*Dichosos lo de corazón limpio, porque ellos verán a Dios*» (Mateo 5:8).

La séptima condición para ser felices es la **acción**, **el trabajo** por la justicia y la paz. Esta condición es propia de seres creadores; aquellos que pasan su vida en busca de oportunidades para hacer como dice mi siervo Pablo «*todo aquello que es verdadero, respetable, justo, puro, amable, digno de admiración y elogio*» (Filipenses 4:8). Su obra más sustancial es la paz. Pero sólo el que ha hallado su propia paz interior puede sembrarla en los otros y trabajar por ella, en su mundo. A través de estos procuradores de la paz trabajo yo. En sus vidas brillo yo mismo como el «Dios de la paz» (2 Corintios 13:11). «*El Dios a quien agradó habitar en su Hijo encarnado con toda su plenitud y por medio de él, reconciliar consigo todas las cosas, tanto las que están en la tierra, como las que están en el cielo...*» (Colosenses 1:20).

A estos sembradores de paz los identifico yo como «mis hijos», pues tienen un cercano parentesco con Jesucristo mi Hijo, quien ha sido llamado «vuestra paz», «nuestra paz» (Efesios 2:14). Son en verdad mis hijos, «*hijos de Dios*» en el mundo, y su misma existencia está ahí como prueba de la existencia de Cristo, mi Hijo, acertadamente llamado «*Príncipe de paz.*» Él mismo llamó a estos «*buscadores de paz, dichosos, porque serán identificados como hijos míos*» (Mateo 5:9).

La octava y última condición de la felicidad, puesta por mi Hijo es el **sufrimiento**. Y ya veo que te sientes un poco confundido por la paradoja del sufrimiento como origen de felicidad. Déjame decirte, hijo, que hay un terrible riesgo en ser feliz, allá abajo, en la tierra, donde ahora vives. Se trata del riesgo de perder la felicidad, lo que a tantos acarrea terribles sufrimientos. Por eso un camino para disfrutar la felicidad, es aprender a sufrir. Así no te aferrarás a la felicidad, sino que aprenderás a disfrutarla en su sabor agridulce que tiene todo lo transitorio. Jesús, mi Hijo, enseña a sus seguidores a ser felices en la felicidad y felices en el sufrimiento. Especialmente si este sufrimiento es injustamente causado, o es producto de la fidelidad a los valores evangélicos de verdad, justicia y bien. En esta última bienaventuranza mi Hijo resalta el valor de quienes saben vivir según sus convicciones, y están dispuestos a pagar el precio del desprecio y hasta la persecución, por ser fieles a las mismas. Esta clase de hombres y mujeres tienen un alma de acero, que no claudica. Se yerguen alegres y confiados ante la oposición y la injusticia, porque saben que la justicia definitiva y la felicidad completa se encuentran más allá de las eventualidades humanas, aquí conmigo, en la eternidad, en mi reino eterno que ellos saben les pertenece por derecho propio. Estos son como los primeros discípulos de mi Hijo, que salieron del Consejo, después de ser azotados, «*llenos de gozo por haber sido considerados dignos de sufrir afrentas a causa del nombre de mi Hijo*» (Hechos 5:40-41).

Hay que estar dispuestos a afrontar el sufrimiento. Y si este viene por causa de la incomprensión, malicia o injusticia, recibirlo con grandeza y entereza de ánimo, sin dejarte amilanar por la oposición maliciosa, la incomprensión o la persecución. Mi siervo Pablo lo presenta muy bien: «*No te dejes vencer por el mal; al contrario, vence el mal con el bien*» (Romanos 12:21). La última condición para la felicidad es entonces, hijo, estar listo para disfrutarla, pero estar así mismo preparado para el sufrimiento. Y no tener temor ni siquiera a la persecución o a la muerte, si estas llegan como fruto de vivir tus convicciones y guardar tu fidelidad a mi Palabra y a mi Ley. En otras palabras, no es feliz, sino desgraciado, aquel que para conservar un pedacito de felicidad, comodidad, o bienestar temporal, entrega sus convicciones y traiciona su causa; en este caso es mi propia causa; la de mi reino, la de mi verdad, la de mi justicia; la causa por la que Jesucristo, mi Hijo, entregó su vida. Ahora creo que podrás entender mejor la última parte del pasaje de las bienaventuranzas que hemos venido tratando en esta carta.

Dichosos los perseguidos por causa de la justicia, porque el reino de los cielos les pertenece. Dichosos serán ustedes, cuando por mi causa la gente los insulte, los persiga y levante contra ustedes toda clase de calumnias. Alégrense y llénense de júbilo, porque les espera una gran recompensa en el cielo... *(Mateo 5:10-11)*.

Con todo esto puedes, hijo, formular ya una nueva definición de la felicidad en la que incluyas todos los elementos que hemos tratado en esta reflexión: la persona feliz es aquella que puede encontrar el camino hacia la felicidad, en la pobreza de espíritu, y en el desprendimiento; en medio de las nubes de tristeza y a pesar del dolor y las pruebas; que vive en humildad y mansedumbre y desea, sin desesperar, que lleguen la justicia y la paz, las cuales promueve con todas sus fuerzas. Este nuevo tipo de hombre y mujer felices viven una vida transparente, y abrazan la pureza de mente, cuerpo y espíritu, como estilo de vida. Por eso se identifican conmigo, Padre de la verdad y la virtud, y viven sus convicciones como seguidores de mi Hijo por encima de cualquier eventualidad de persecución o sufrimiento. Es que saben que su patria y hogar definitivos están aquí, en el cielo, desde donde te escribo esta carta; y comienzan a disfrutarlo allá en la tierra, con la seguridad y tranquilidad que sólo dan la fe y la esperanza.

De manera, hijo inquieto y «no tan feliz», que ya sabes cómo comenzar a ser feliz de verdad, allá en la tierra, como un anticipo de la felicidad que te aguarda aquí, en mi cielo.

Tu Dios infinitamente feliz

Oración por la felicidad

(Paráfrasis de la oración de Francisco de Asís)

Señor, hazme instrumento de felicidad
Que donde haya odio, yo siembre amor;
donde haya ofensa, yo entregue perdón;
donde haya discordia, yo promueva unión;
donde haya tinieblas, yo lleve luz;
donde haya dolor; yo traiga alegría.

Porque me has puesto en el mundo
no para ser consolado, sino para consolar
no para ser comprendido, sino para comprender;
no para ser amado, sino para amar.

Porque tú me has enseñado
que dando es como se recibe,
perdonando, se nos perdona,
haciendo felices a otros,
es como somos felices;
compartiendo lo nuestro,
nos hacemos ricos;
y muriendo a nuestro egoísmo,
resucitamos a la vida.

L.J.C.

XI

Cartas del sufrimiento

¹ Dios preside el consejo celestial;
   entre los dioses dicta sentencia:
² «¿Hasta cuándo defenderán la injusticia
   y favorecerán a los impíos?
³ Defiendan la causa del huérfano y del desvalido;
   al pobre y al oprimido háganles justicia.
⁴ Salven al menesteroso y al necesitado;
   líbrenlos de la mano de los impíos.
⁵ »Ellos no saben nada, no entienden nada.
   Deambulan en la oscuridad;
   se estremecen todos los cimientos de la tierra.
⁶ »Yo les he dicho: "Ustedes son dioses;
   todos ustedes son hijos del *Altísimo."
⁷ Pero morirán como cualquier *mortal;
   caerán como cualquier otro gobernante.»
⁸ Levántate, oh Dios, y juzga a la tierra,
   pues tuyas son todas las naciones.

Salmo 82:1-8

XI

¿Por qué tenemos que sufrir?

Querido Dios:

Ayer estuve en el entierro del hijito de doña Clara, una preciosa criatura de apenas tres años. Todavía recuerdo la felicidad de doña Clara y de su esposo el día del nacimiento del niño. Hoy, una cruel enfermedad se lo ha llevado a la tumba, dejando los juguetes sin manos que los guíen, y el hogar y el corazón de sus padres en el vacío de su ausencia, en la negrura del dolor.

¿Por qué, Señor?

Quiero contarte también, oh Dios, aunque lo sabes de sobra, que Pedro sigue enfermo. Padece uno de esos males incurables y raros que los médicos no atinan a descifrar. ¡Pobre Pedro! Con sólo 24 años, lleno de ilusiones, y tener que permanecer en cama, quizás por el resto de su vida. ¡Francamente, mi Dios, que no lo entiendo...!

Y... ¿qué me dices, Señor, del caso de doña Raquel? La piadosa señora de la esquina. Tan fiel a su iglesia y responsable en su hogar. Mujer virtuosa y recogida, dedicada a sus hijos y a su esposo, aunque éste, borracho y patán, nunca le ha correspondido. Ahora resulta que el muy malvado se consiguió otra mujer y ha dejado a doña Raquel en el abandono, con cinco hijos pequeños que criar. ¿Dónde está la justicia, Señor? Si es verdad que tú eres tan bueno y justo, ¿cómo es que permites estas cosas?

He estado pensando en todo esto: enfermedad, muerte, injusticia, dolor, soledad, opresión, abandono. ¡Tantos sufrimientos sin causa o motivo!

¡Tantos males sin remedio! ¿Tiene todo esto algún sentido? ¿Para qué sirve?

He estado tentado de dar la razón al boticario de la plaza de mi pueblo que vive blasfemando de ti, enrostrándote todos estos males y afirmando que si de verdad tú existieras deberías acabar con el mal y hacer de verdad justicia en la tierra.

Perdóname, Dios, que te hable así; pero es que, a pesar de mi confusión y desconcierto, todavía creo que tú existes y estoy seguro de que tienes explicación a estos interrogantes que taladran mi corazón y hacen tambalear mi fe.

Espero tu respuesta. Permíteme firmarme todavía como,

Tu hijo «de fe vacilante»

Respuesta de Dios

Querido hijo «de fe vacilante»:

Comprendo tu confusión y angustia. Es difícil entender cuanto acontece en ese tu mundo usando tan sólo criterios humanos, con una visión temporal limitada de los hechos. Así, el dolor, la enfermedad y el sufrimiento aparecen inhumanos, injustos y hasta absurdos... Pero déjame decirte, hijo, categóricamente, que mi justicia se cumplirá aunque no arbitrariamente, sólo que la misma trasciende los límites de tu mundo. Aquí es donde se da la diferencia entre uno que cree y otro que carece de fe. Quisiera que tu fe te alcanzara para ver más allá de tus narices.

¿Sabes? Nadie ha sufrido más que mi Hijo Jesucristo. Su pasión estuvo rodeada de los mayores dolores físicos y morales: la injusticia, el odio y el rencor se dieron cita alrededor de la cruz. Ningún hombre ha conocido, ni conocerá jamás en su cuerpo y en su alma los tormentos que padeció mi Hijo. El sufrimiento de mi Hijo Jesús es el más injusto de todos los dolores: más injusto que la muerte del hijo de doña Clara; que la enfermedad de Pedrito tu amigo, y que el abandono de doña Raquel. Fue la muerte del Inocente, quien no había pecado y pasó haciendo el bien.

Pero al calvario y a la tumba siguió la resurrección. Al sufrimiento, la gloria. Y hoy mi Hijo está aquí conmigo en el cielo como garantía de que todos los que tienen fe en su obra redentora, en su Persona y en mis promesas heredarán el cielo de mis alegrías eternas. Millones ya han aprendido a vivir allá en la tierra la alegría, paz y confianza que les da su fe.

Todo sufrimiento moral o físico puede estar iluminado por la Pasión y la Resurrección de mi Hijo: aun los sufrimientos más injustos y absurdos se llenan de luz y de sentido y son ocasión preciosa de enriquecimiento para los que sufren unidos por la fe en mi Hijo Jesucristo. Como dice Pablo refiriéndose a sus propios sufrimientos:

«He sido crucificado con Cristo, y ya no vivo sino que Cristo vive en mí. Lo que ahora vivo en el cuerpo, lo vivo por la fe en el Hijo de Dios, quien me amó y dio su vida por mí» (Gálatas 2:20).

Lo que intento decirte, «hijo de poca fe», es que hay mucha diferencia entre sufrir con fe o sufrir sin ella. Y que es mejor negocio lo primero, porque de todos modos habrá sufrimiento; pero el dolor puede ser convertido en un instrumento destructor, en estéril lamentación, grotesca protesta y rencorosa blasfemia... o, por el contrario, en una oportunidad de superación, de testimonio de fe y fortaleza.

Yo no pido una fe resignada, pasiva e impotente frente al mal. Más me gusta la actitud de Pablo cuando afirma: «No te dejes vencer por el mal; al contrario, vence el mal con el bien» (Romanos 12:21).

Claro que hay que luchar contra la injusticia por todos los medios legítimos y justos, siendo tú mismo justo. Estoy seguro de que cada día son muchas las oportunidades que se te presentan de ayudar, compartir, sanar, aliviar, aconsejar, dar, ofrecer de ti y cumplir justamente con los demás. Así estás contribuyendo a que haya menos mal, menos sufrimiento en el mundo. Por otra parte, espero que no seas tan miope, hijo, para dejar que las desgarradas marcas del mal te oculten la cara positiva del mismo. De la lucha nace la grandeza, y en la adversidad se templan los recios caracteres. Hablar del sufrimiento a la ligera es odioso. Pero no atreverse a decir que el sufrimiento puede educar e impulsar a la superación, equivale a traicionar la verdad.

Oí decir alguna vez a una muchacha inválida, Suzanne Fouché, muy parecida en su problema al de tu amigo Pedro: «He tomado mi dolor con las manos como si fuera un instrumento de trabajo.»

Me duele, «hijo de fe frágil», el que hayas tenido la tentación de unirte al coro de desorientados hijos míos que niegan mi existencia porque no alcanzan a comprender la razón del sufrimiento. No digas con ellos «el sufrimiento existe, luego Dios no existe». Dí en cambio, «Dios existe, ¿qué respuesta puedo dar, entonces al dolor, conociendo su amorosa providencia sobre el mundo?»

Te voy a dar una pista, un libro de razones y caminos a seguir: se llama la Biblia y contiene mis propias Palabras y razones. ¿Acaso no la has leído? ¿Y te llamas cristiano e hijo mío? En este libro verás a muchos sufriendo y superando sus pruebas con fe. En la Biblia vas a encontrar que yo no me he desentendido de los hombres, como puede hacerlo un ingeniero que después de haber montado la máquina, la deja abandonada. Yo he querido intervenir personalmente en la historia de la humanidad: en la Persona de mi Hijo, Jesucristo, he dado respuestas concretas al sufrimiento y al mal en tu mundo. Pero no me entiendas mal. Mi Hijo no ha ido a la tierra sólo a esto. Su presencia desborda con mucho el problema que tratamos. Su misión no era sólo la de «enseñar a sufrir.» Se ha hecho uno de vosotros principalmente para «enseñaros a VIVIR», a disfrutar de la vida en plenitud, allá abajo, y, luego, eternamente aquí conmigo.

Déjame resumirte en tres puntos sencillos, cuál debe ser la actitud del creyente frente al mal y el sufrimiento:

Primero: «No hagas tú el mal.» La gente y hasta los creyentes despotrican contra el mal, pero no se dan cuenta de que muchas veces son ellos mismos los causantes de su desgracia. Se quejan de la Providencia, cuando deberían acusar a su propia obstinación. La vida sería diferente si empezara cada uno a reconocer sus propias culpas; sus grandes o pequeños pecados de acción u omisión.

Segundo: «Remedia o alivia, en cuanto tú puedas, el dolor ajeno.»

Mi hijo Jesús fue muy claro en sus enseñanzas sobre este punto. ¿No recuerdas la parábola del buen samaritano? (Lucas 10:25ss). Si recuerdas bien, mi Hijo preguntó al doctor de la Ley que quería saber quién era su prójimo: «¿Cuál de estos tres te parece que se mostró como prójimo del que cayó en manos de los ladrones: el levita o el sacerdote que pasaron de largo, o el samaritano que cuidó del herido?» El doctor respondió adecuadamente: «El que se compadeció de él.» Y entonces vino la recomendación de mi Hijo: «Anda entonces y haz tú lo mismo.»

La segunda parte del mandamiento central de mi Ley, es «amar a tu prójimo como a ti mismo.» Una manera práctica de cumplirlo es acercándose a las desgracias, dolores, pruebas y sufrimientos de los demás, como si fueran tus propios dolores y sufrimientos.

Es posible que tú no puedas hacer mucho cuando se trata de grandes conflictos sociales, o problemas que quedan fuera de tu alcance. Pero siempre podrás tender una mano caritativa al sufrimiento que encuentras en el camino ordinario de cada día. La sola simpatía o la compañía junto al que sufre pueden hacer la diferencia en el dolor. Y estoy seguro de que muchas veces podrás hacer más que eso.

Tercero: «*El mal que tú no haces, o que no puedes evitar, súfrelo con resignación.*» Recuerda que hay otras instancias. Y que mi justicia no se agota en tu mundo, ni en tu tiempo. La paciencia y resignación, como virtudes positivas, no consisten en una actitud de indiferencia, ni una postura de quietud imbécil ante el alud de dolor o injusticia que se viene sobre ti. Es una actitud enhiesta y tranquila, que pudiera ser hasta una protesta silenciosa pero firme ante el mal, pero que envuelve en sí un acto de fe y esperanza, pensando en el más allá, en la instancia superior de mi justicia eterna y perfecta, que va a tener su día.

Yo sé que esta carta no te da todas las respuestas, pero espero que te ponga en el camino de muchas respuestas que tú mismo podrás descubrir ayudado por la luz de la fe que yo te he regalado y que veo no has perdido del todo. Lo que espero de ti y de los que como tú, dudan, es que aprendan a decir con uno de los buenos autores que ha escrito cosas muy bonitas de mí. Me refiero al poeta Paul Claudel: «Todavía quedan algunas nebulosidades, pero, al menos, hay algo que no podemos decirle a Dios: no conoces el sufrimiento.» No, hijo, ni yo ni mi Hijo Jesucristo, hemos intentado suprimir el sufrimiento, ni siquiera explicarlo; sino que lo hemos llenado de nuestra presencia.

Dámele saludos con mi bendición y cariño a tus amigos. Dile a Pedrito que recuerde las palabras de Suzanne Fouché, aquellas que hablan de que el sufrimiento puede convertirse en una herramienta de trabajo. A doña Clara dile que su hijito de tres años está my bien aquí conmigo. Y que espero que no pierda la fe y la confianza de unírsenos ella y su esposo, algún día. En cuanto a doña Raquel, es lamentable lo que su esposo le ha hecho. Pero ¿sabes? su sufrimiento y abandono se han convertido en acicate para sacar adelante a sus hijitos. Ya verás cómo en pocos años tendrá el premio del reconocimiento y amor de ellos, y la incomparable satisfacción de verlos triunfar, gracias a sus esfuerzos. Estoy seguro de que tendrá una vejez tranquila y serena. Además, ¡ella sí que tiene fe! Ciertamente más fuerte que la tuya.

Bueno, hijo, debo dejarte. No olvides leer mi Palabra para fortalecer tu fe y encontrar en ella más respuestas a tus inquietudes. Compártela también con otros que dudan; les hará bien.

Con todo mi amor,

Tu Dios

Plegaria desde el sufrimiento

Yo he pedido a Dios fuerza para triunfar;
Él me ha dado flaqueza,
para que aprenda a obedecer con humildad.

Había pedido salud para realizar grandes empresas;
me ha dado enfermedad
para que haga cosas mejores.

Deseé la riqueza para llegar a ser dichoso;
me ha dado pobreza,
para alcanzar sabiduría.

Quise poder para ser apreciado de los hombres;
me concedió debilidad,
para que llegara a tener deseos de él.

Pedí un compañero para no vivir solo;
me dio un corazón,
para que pudiera amar a todos los hombres.

Anhelaba cosas que pudieran alegrar mi vida,
me dio vida,
para que pudiera gozar todas las cosas.

No tengo nada de lo que he pedido;
pero he recibido todo lo que había esperado.

Porque, sin darme cuenta,
mis plegarias informuladas han sido escuchadas.

Yo soy, de entre todos los hombres, el más rico.

*(Grabado en bronce, en el Instituto
de Rehabilitación de Nueva York)*

XII

Carta de la armonía

¹ Canten al *SEÑOR con alegría, ustedes los justos;
es propio de los íntegros alabar al SEÑOR.
² Alaben al SEÑOR al son del arpa;
entonen alabanzas con el decacordio.
³ Cántenle una canción nueva;
toquen con destreza,
y den voces de alegría.
Salmo 33:1-3

XII

Música del alma

Querido Dios:

Hoy oímos toda clase de música. La más apetecida es la música sensual que despierta pasiones, enerva la mente y alborota las emociones, hasta el paroxismo. Mucha de esta música infernal rinde culto a los vicios y al pecado y es el ingrediente básico de fiestas y bacanales donde se consume el licor y la droga; y se prostituyen los valores del espíritu.

Muchas personas, especialmente jóvenes, por falta de orientación, caen en la adicción a esta música. No aprendieron a afinar su gusto y a seleccionar sus canciones. O quizás fue en sus hogares donde le tomaron sabor a estos «ruidos» estridentes de la música moderna.

Yo sé que la música es un elemento fundamental de tu Palabra y ha jugado un papel muy importante en la formación de tu pueblo y en el culto que el mismo te ha rendido desde la antigüedad.

Unas palabras tuyas, Señor, caerán muy bien, para orientarnos en este importante asunto. Al fin y al cabo tú eres el que puso belleza y armonía en la creación; y el que tienes el poder, como dice el salmista, de «poner en nuestros labios un cántico nuevo...» (Salmo 4:2).

Tu hijo melódico

~~*~~

Respuesta de Dios

Mi queridísimo hijo melódico:
Tú tienes razón. La música es un elemento fundamental de la vida. La encuentras por todas partes en mi universo. No sólo las aves, sino el viento y el agua cantan a su manera; murmuran melodías placenteras, como cuando la brisa se recrea entre la fronda de los árboles y los hace cantar; o el agua se desliza suave por entre las rocas murmurando tonadas de ensueño. Pero sólo la criatura humana canta con inteligencia y con sentido; expresa sentimientos, emociones e ideas con sus canciones. Por eso, la única manera de cantar bien para el ser humano es hacerlo inteligentemente. Yo enseñé a mi pueblo a cantar desde el principio. Puse en sus labios canciones para expresar su alegría y su dolor; para alabarme y darme gracias; para derramar su alma en los momentos de pena y tribulación; expresar su pesar y arrepentimiento por sus caídas, y proclamar agradecido mi favores y maravillas. Por eso verás que el cántico es parte muy importante de mis Escrituras. Es un elemento esencial en las ceremonias de adoración y alabanza, y en las fiestas conmemorativas de los encuentros con mi pueblo. Desde la aparición de Jubal (Génesis 4:21), el padre del arpa, en el libro del Génesis, hasta Juan, el autor del Apocalipsis, la Biblia toda está sembrada de himnos, doxologías y canciones.

La música, pues, hijo, es un medio maravilloso de acercamiento a mí, el creador del universo; y como tal debe elevar siempre a alturas de nobleza y emoción espiritual. Debe afinar el espíritu y hacerte sensible a la virtud y el bien y a los valores superiores del alma. Recuerda, hijo, que en el cielo hay música. Mis ángeles son músicos expertos en los instrumentos nobles; y parte de la dicha del paraíso radica en las bellas y elevadas melodías celestiales que envuelven con sus notas placenteras de paz y felicidad a los bienaventurados.

La mejor música allá en la tierra, por consiguiente, es la que tiene el poder de transportar la mente y el corazón a niveles superiores de inspiración, promoviendo los nobles sentimientos y las sanas emociones del espíritu. La música debe apelar a las facultades superiores del ser humano.

No se hace música, pues, sólo con los sonidos exteriores, que únicamente afectan la periferia de la persona, o halagan las pasiones y bajo instintos del individuo. La mejor música es la «música del alma», aquella que alegra el espíritu y eleva las emociones a esferas superiores de fruición y nobleza. Esta clase de música es mucho más que notas, armonía y ritmo. Y no necesita de pentagramas para escribirse, leerse o interpretarse. Se percibe en la vida de las personas. Cuando todo marcha armoniosamente en las relaciones del individuo conmigo, con su prójimo y consigo mismo, toda la existencia se convierte en una melodía. Canta la vida y su canción es de paz, esperanza y amor. Por el contrario, cuando el alma está desarreglada y dividida en pedazos por el pecado, sentimos el rechazo y descontento de otros y de nosotros mismos; todo nos luce y suena mal; desentonamos; y es difícil producir armonía exterior. Nada tan hermoso y agradable como el espectáculo de una vida armoniosa, santamente alegre y ajustada a mis preceptos. Estas vidas producen, allá en la tierra, verdadera música celestial. Déjame hablarte de esta clase de fruición del espíritu, raíz de la más auténtica felicidad, que tiene que ver mucho con la dimensión en que cada uno vive.

En efecto, hijo, si te fijas bien, hay hombres y mujeres de muchas clases y dimensiones. Los hay de una sola dimensión; la corta y achatada dimensión de su propio yo. Estos se proyectan siempre hacia sí mismos y pierden las riquezas que traen los demás.

Otros son muy hábiles en proyectarse socialmente, pero sólo en un plano de superficialidad y frivolidad; comparten las cosas triviales de la vida, cuando no los placeres prohibidos que en lugar de levantarlos y enriquecerlos, los rebajan y empobrecen.

Jesús, mi Hijo, lanzó un juicio fuerte contra esta forma de vivir inútil e intrascendente, concluyendo: «¿De qué sirve ganar el mundo entero si se pierde la vida?» (Marcos 8:36).

Las llamadas «bienaventuranzas» evangélicas presentan una dimensión más completa para la vida humana. En ellas, mi Hijo Jesucristo establece la felicidad como característica de sus seguidores. Para proyectarse en esta nueva dimensión, dice mi Hijo, es necesario poseer una facultad superior que se llama fe. No hay ni habrá alegría verdadera aquí ni en el más allá, para los que no creen. Esta clase de alegría está reservada para los que aceptan el mensaje salvador que hizo cantar a los ángeles alrededor del pesebre «Gloria a Dios en las alturas, y en la tierra paz a los que gozan de su buena voluntad» (Lucas 2:14).

Uno de los escritos más antiguos de la cristiandad primitiva inspirado en el Evangelio y conocido como la Epístola de Bernabé, identifica al cristiano como «hijo de la alegría.» La expresión no es más que un comentario a las palabras de mi hijo Jesús: «Les he dicho esto para que tengan mi alegría y así su alegría sea completa» (Juan 15:11).

Ser cristiano es, pues, hijo, ser el hombre y la mujer más completos, proyectados en todas las dimensiones, con capacidad de disfrutar la vida en «todo lo verdadero, todo lo puro, todo lo amable...» que ella nos ofrece (Filipenses 4:8).

Pero es una alegría y una plenitud que se prolongan hacia la eternidad y por lo mismo deben estar condicionadas a la vida del espíritu y no sólo vaciadas a satisfacer los deseos de la carne o los postulados del mundo. Y es aquí donde se descubre la nueva, profunda y eterna dimensión del creyente, que lo diferencia de los que no tienen la experiencia de la fe. Hay y debe haber en el cristiano una plenitud de vida que lo colma de alegría al descubrirse feliz en este mundo, y proyectado hacia una felicidad eterna que nadie podrá arrebatarle: «Se pondrán tristes, pero su tristeza se convertirá en alegría... y nadie les va a quitar esa alegría» les aseguró Jesús a sus discípulos, en su discurso de despedida (Juan 16:20-22).

Por eso me gusta escuchar al poeta que dice que «quien está con Dios lleva música por dentro; porque el cristianismo es plenitud de alegría humana y divina»; y yo agregaría que el auténtico creyente disfruta de la armonía y el gozo en el Espíritu y por el Espíritu, que vence todos los dolores y sinsabores y supera todos los placeres mundanos, aun los que podríamos considerar más refinados.

Es lo que quiso decir mi siervo Pablo, cuando afirma que «aquel que está en Cristo es una nueva creación» (2 Corintios 5:17). Su acción redentora otorga al que la recibe una nueva concepción y proyección triunfal y alegre de la vida. Por eso su Evangelio es el Evangelio de la alegría, de la armonía interior y exterior.

Acaso no te has dado cuenta, hijo, que la vida de mi hijo Jesús allá en la tierra comienza cantando; y que lo que los ángeles anunciaban con sus cantos de gloria en Belén eran precisamente las buenas noticias de salvación que harían felices a millones. Y todo concluirá con cánticos también. Y ante el trono del Cordero los poseedores de la felicidad eterna que nadie podrá ya arrebatarles, todos entonarán con mis ángeles el cántico supremo de la alegría de los bienaventurados (Apocalipsis 5:11-12).

«¡Digno es el Cordero,
	que ha sido sacrificado,
	de recibir el poder,
	la riqueza y la sabiduría,
	la fortaleza y la honra,
	la gloria y la alabanza!»

Para ser, pues, auténticamente alegres, necesitas pasar del plano meramente humano y natural, al plano sobrenatural: el plano de la gracia, donde yo me muevo.

Necesitas reconocer tus limitaciones como criatura pecadora e imperfecta y aceptar mi gracia, mi misericordia y mi amor que, a través de Jesucristo pueden renovarte y darte poder.

Nada más triste que un hombre enfermo que se niega a recibir al médico; un hombre pobre que no quiere aceptar ayuda; un hombre perdido que no recibe instrucción u orientación; un hombre pecador empecinado en su pecado.

Siempre me conmueve el testimonio de Agustín de Hipona, sabio y filósofo que probó todos los placeres de la tierra antes de su conversión. Este acostumbraba orarme así: «Señor, la tristeza es el recuerdo de mí mismo, y la alegría es el recuerdo de ti.»

Y otro siervo no menos valioso, el profeta David, pecador arrepentido y regenerado, afirmaba:

«Muchas son las calamidades de los malvados,
Pero, el gran amor del Señor
envuelve a los que en él confían.
¡Alégrense, ustedes los justos;
regocíjense en el Señor!
¡Canten todos ustedes,
los rectos de corazón!» (Salmo 32:10-11).

Espero, hijo, que con todos estos ejemplos e ilustraciones, hayas podido comprender lo que significa de verdad vivir en armonía conmigo, tu Dios, con tu prójimo, y contigo mismo. Y que es esta armonía interior la que produce todas las otras armonías en el ser humano; armonía que sólo pueden disfrutar quienes me conocen de verdad, conocen y aceptan a mi Hijo Jesús y hacen de mi Palabra y de su Evangelio la regla que dirige su diario vivir.

Salmo de la armonía

Señor, alzamos nuestros brazos
y te aclamamos con toda la creación.
Queremos hacer de nuestra existencia
una danza en tu honor.
Queremos gritar con todo nuestro ser
que conocerte a ti
es vivir de verdad;
es descubrir la auténtica historia
de nuestra existencia:
una alegre historia de amor.

Gracias, Señor, porque podemos descubrirte
en el arrullo del niño que sueña
sueños inocentes de felicidad.
Gracias por el agua juguetona
que, al descender de la montaña,
saluda las orillas
con la algarabía de su canción
clara y refrescante.

Gracias, Señor, por los que saben amar,
y se pasan la vida
creando armonías de paz y comprensión.

Siempre te he conocido como un Dios alegre
que con tu creación admirable
llenas nuestras almas de melodías
de alabanza y bendición.

Tú eres música y fiesta.
Y, en medio de las cruces,
nos enseñas a sembrar
la alegría de la esperanza.

L.J.C.

XIII

Carta de la retribución

[1] No te irrites a causa de los impíos
   ni envidies a los que cometen injusticias;
[2] porque pronto se marchitan, como la hierba;
   pronto se secan, como el verdor del pasto.
[3] Confía en el SEÑOR y haz el bien;
   establécete en la tierra y manténte fiel.
[4] Deléitate en el SEÑOR,
   y él te concederá los deseos de tu corazón.
[5] Encomienda al SEÑOR tu camino;
   confía en él, y él actuará.
[6] Hará que tu justicia resplandezca como el alba;
   tu justa causa, como el sol de mediodía.

Salmo 37:1-6

XIII

Las incógnitas de Job

¿Por qué sufren los justos, mientras triunfan los injustos?

Señor,

Hoy te vengo con un problema de todos los tiempos. Tú sabes, mejor que yo, que aparece planteado en todas las literaturas aún las más antiguas, y que forma parte de la Biblia; aunque una respuesta clara no aparezca así desde el principio, sino que parece que quisiste dar al mismo una respuesta progresiva.

Se trata del gran problema de la retribución, que podría plantearse de la manera siguiente, según lo formula el libro de tu siervo Job: ¿Por qué tiene que sufrir el justo, mientras el pecador goza de prosperidad? Este problema sigue vigente hoy más que nunca, cuando las injusticias y la impunidad campean en nuestro planeta.

Si leo bien la Biblia, Señor, inicialmente la retribución del bien o del mal se concebía de una manera más que todo colectiva; es decir, se daba en la comunidad, la recibía el pueblo como un todo. Es eso lo que leo en pasajes como Éxodo 20:5-6; Números 16:31-33; Josué 7:1-5; 2 Samuel 3:2. Posteriormente se habla más de retribución individual según la plantean

Deuteronomio 24:16; 2 Reyes 14:1-6, y Ezequiel 18:33, para dar sólo unos ejemplos. Por otra parte, Señor, me parece que la retribución se sitúa casi exclusivamente en el campo temporal. Y me da la impresión de que es sólo en épocas tardías, ya más cercanas a la Nueva Alianza, cuando aparece claramente una retribución de carácter espiritual y eterno (Daniel 12:1-3). Ahora comprendo por qué el libro de Job, compuesto hacia el siglo V a.c. en la época en que la retribución individual y temporal crean grandes inquietudes e interrogantes, plantea tan dramáticamente este problema, tan incomprensible para muchos, de que los justos sufren mientras los impíos prosperan. Realidad que se acentúa con la experiencia del exilio y con las múltiples pruebas por las que debe pasar tu pueblo escogido, a partir de la dominación asirio-babilónica, a la que siguieron otras dominaciones: la persa, la griega y la romana. Sé que me vas a decir que en el mismo libro de Job está la respuesta al problema. Y puedo ver que los amigos de Job defienden la tesis tradicional en su tiempo, que cada uno expone a su manera:

Elifaz, con su tono tranquilo, doctoral, un tanto pretencioso, como sabio idumeo que es, afirma que el inocente no puede perecer (4:7). Que el sufrimiento es fruto del pecado (4:8-9). Que tú hallas faltas en todos, inclusive en Job (4:17-19; 5:17-18). Y que de todos modos el castigo es saludable, pues corrige y origina entonces prosperidad (5:17-26).

Veo que Bildad es más espontáneo y más directo. Se presenta como el apologista o defensor tuyo. Sin embargo, se me hace más fatalista. Para él todo se explica por la inescrutable providencia divina, que no podemos cuestionar (25:1-6). Reafirma la tesis tradicional, y concluye que la salida para el pecador es la conversión, para que le vaya bien (8:6-12).

Descubro a Sofar como más agresivo, sutil y pesimista. No le importa ofender a Job, acusándolo de pecado (11:2-4). Considera irremediable el castigo del pecador (20:5-29). Job tuvo que haber pecado, para estar sufriendo. La salida es el arrepentimiento y la conversión (11:13-20).

Job por su parte defiende agresivamente su causa, y ataca la tesis tradicional. Él es inocente y por lo tanto no debe sufrir (9:21; 13:23). Y plantea una tesis bastante atrevida: «Dios es siempre justo, aunque descargue sus golpes sobre el inocente y deje prosperar al impío.» No obstante se pregunta si no hay cierta arbitrariedad en ti. No entiende del todo tu proceder. Lucha por volver a encontrarte, mientras sus amigos se contentan con hablar bien de ti. Realmente es el único que afronta el problema de tu providencia y justicia divinas frente al mal y el sufrimiento. Y termina aferrándose a la confianza en Aquél que él llama su *GOEL (redentor)*, aunque no acabe de comprender su proceder.

> «Yo sé que mi defensor vive
> y que él será mi abogado aquí en la tierra»
> *(Job 19:25-27).*

Te digo con franqueza, Señor, que simpatizo con Job, y casi que me uno a sus quejas; pero, como él, me quedan muchos interrogantes. Por eso espero ansioso tu respuesta, que de seguro muchos que sufren, son perseguidos u oprimidos querrán también leer.

Con todo amor y respeto,

Tu hijo desorientado

───·&·───

Respuesta de Dios

Querido hijo desorientado:

Veo que conoces bastante bien tu Biblia, pues, por lo menos el libro de Job lo explicaste bastante bien; y esto me complace.

Sin embargo, te faltó la parte más importante: la que contiene mi respuesta a tus inquietudes; y es la que te voy a dar.

Posiblemente no es la respuesta que tú esperas, como no fue la que esperaban Job, ni sus tres amigos. Y es que yo no acepto el papel de contrincante o rival que recoge el guante de quienes desafían mi sabiduría y bondad eternas e infinitas. Todos deben saber que yo hablo como Dios, y no como hombre. Y en este sentido mi planteamiento favorece más a Job, que ha captado mejor el misterio de mi *trascendencia y sabiduría eternas e infinitas*. Estas te enseñan que yo estoy más allá de la comprensión de ustedes los seres humanos. Mis actos superan vuestros cálculos y juicios. Me gasté cuatro capítulos del libro que tú citas (Job 38:1 a 42:6) para mostrar a Job cómo esta trascendencia y sabiduría absolutas y omnipotentes resplandecen en todos los actos de mi creación, donde yo despliego el espectáculo de mis obras portentosas. Mi potencia y mi sabiduría sometieron las fuerzas del caos y equilibraron el cosmos. ¿No crees, hijo, que tú y todos tus semejantes deberían concluir que semejante potencia y sabiduría hacen bien todas las cosas y tienen la respuesta a todos los enigmas, incluyendo el del bien y el mal, que tú, Job, y muchos más no alcanzan a comprender?

Puedo admitir que hasta cierto punto la respuesta completa al problema que me planteas queda en parte oculta aquí en mi mente y voluntad; en aquella parcela de mi ser infinito, donde habitan los inescrutables designios de mi Providencia. Y vais a tener que esperar que avance la Revelación divina para conocer más sobre el asunto; y posiblemente una respuesta total y global sólo la comprenderéis cuando estéis aquí conmigo, en mi gloria; y conozcáis muchos secretos y razones que ahora para todos vosotros son misterios indescifrables.

Como tú mismo señalas acertadamente, mi Revelación es progresiva. Esto fue válido para mi Revelación escrita y lo es más para lo que yo quiera revelar posteriormente, especialmente a mis escogidos, aquí en la eternidad donde habito. Por eso, tú lo has dicho. Ciertos libros tardíos de la Biblia, como el que has señalado, levantaron un poco más el velo del destino eterno reservado a los justos y a los pecadores (Daniel 12:1-3). Y el Nuevo Testamento usará el poema del siervo de Yahveh (Isaías 53:1-12) para dar una respuesta y solución definitiva y completa, que puedes tomar como mi propia respuesta a tu inquietud. Hela aquí: «*El sufrimiento del justo no debe considerarse como un mal. Además de que hay una retribución completa y definitiva más allá de la muerte, el dolor y el sufrimiento tienen un valor redentor.*» Mi siervo Pablo explica muy bien mi pensamiento en esta materia. Te invito a que lo leas. Aquí tienes las referencias: Romanos 5:6-19; 1 Corintios 15:3; 2 Corintios 5:15; Colosenses 1:14-17. Y resumió admirablemente todo su planteamiento en este texto feliz: «Sabemos que a los que aman a Dios, todas las cosas les ayudan a bien...» (Romanos 8:28, RVR). O como traduce otra buena versión de mi Palabra: «Sabemos que Dios dispone todas las cosas para el bien de quienes lo aman, los que han sido llamados de acuerdo con su propósito» (Romanos 8:28, NVI).

Permíteme ahora, hijo, hacerte algunas aplicaciones prácticas de esta importante enseñanza:

• La primera es que no hay soluciones fáciles a los problemas de la vida. Hay que buscar, estudiar, consultar y orar hasta encontrar la respuesta. Y a veces, no llega. Todos debéis estar dispuestos para esta eventualidad.

• Los lamentos desgarradores de Job, sus reclamos por mi proceder, se pueden justificar. Yo soy un Dios dispuesto a escuchar a mis hijos, en cualquier circunstancia. Son muchos los pasajes, cantos y oraciones en la Biblia que no son otra cosa que quejas y reclamos salidos del alma, que acepto de buen agrado y trato de atender, de acuerdo con mi sabiduría y designios infinitos. Un ejemplo admirable es el Salmo 88. Una oración, sin respuesta, ni solución; pero de todos modos, una oración. Se trata de un hombre desesperado que todo lo ve oscuro, y no halla salida a sus males. Pero, en medio de su angustia y frustración, no deja de traslucir su fe. Me gusta eso de: «*Señor, Dios de mi salvación*...», que está al principio del Salmo (88:1). No deja de ser una confesión de fe en medio de la angustia y desespero, que llama mi atención y provoca mi respuesta. Pero sigamos con las aplicaciones.

• La Escritura debe leerse y estudiarse, hijo, como un todo. Los contextos y referencias de un capítulo a otro y de un libro a otro son importantes. El problema planteado por el libro de Job, no tiene solución completa en el mismo libro. Hay que ir a otros libros y a otros tiempos más avanzados, para encontrar la respuesta completa. Vimos cómo Daniel (12:1-3) deja en claro el valor expiatorio y remedial del dolor del justo; y con otros textos refieren la retribución del bien o el mal, a la otra vida.

• Por último, vosotros, los que vivís bajo los claros resplandores del Nuevo Testamento, más afortunados que Job, podéis contemplar en mi Hijo, que sufrió, antes de entrar en su gloria, toda clase de humillaciones, vejaciones y dolores, «*haciéndose obediente hasta la muerte, la vergonzosa muerte de cruz*» (Filipenses 2:8), la respuesta perfecta y completa al misterio del dolor y del sufrimiento. Fue por el dolor, la cruz y el sufrimiento, como mi Hijo obtuvo para todos la salvación y la vida eterna. ¿Será que todavía alguien puede dudar del valor redentor del sufrimiento?

Con todo mi amor,

Tu Dios

Cántico a la restauración

Gracias, Señor, porque subiste al madero,
y valoraste el sufrimiento, con tu sacrificio redentor.
Gracias porque resucitaste, no sólo con tu alma,
sino con el mismo cuerpo con que subiste a la cruz.
Gracias porque regresaste de la muerte,
trayendo las huellas de tus heridas y dolores.
Gracias porque invitaste a Tomás a tocar tu costado
y palpar las cicatrices de tus manos y pies,
para comprobar que el Jesús Resucitado
era el mismo que el Crucificado.
Gracias por enseñarnos, con tu muerte,
que el dolor nunca puede atenazar el alma,
con la mordaza de la duda y de la incertidumbre.
Gracias por enseñarnos que el camino de la cruz
nos conduce a la gloria de la resurrección.
Ahora sabemos que eres uno de nosotros,
completo como hombre, sin dejar de ser Dios.
Ahora entendemos que el sufrimiento
no es un fallo de tu misericordia.
Comprendemos que el llanto y las heridas,
la injusticia y el dolor tendrán una respuesta,
en la instancia suprema de la final restitución.

L.J.C.

XIV

Carta de la alegría

[16] Estén siempre alegres,
[17] oren sin cesar,
[18] den gracias a Dios
en toda situación
porque esta es
su voluntad para ustedes
en Cristo Jesús.
1 Tesalonicenses 5:16-18

CARTA DE LA ALEGRÍA

XIV

¡Cristianos tristes..., tristes cristianos!

Querido Dios:

¿Por qué hay tantos cristianos de cara triste? Cristianos severos, vestidos de luto, cuya religión se reduce a una serie de negaciones a las cosas buenas de la vida. Cristianos a quienes se les va la vida haciendo guardia al pie de un sepulcro vacío, como testigos de la ausencia de Dios.

Francamente, Señor, no me gusta esta clase de cristianismo. Aquel que se queda sólo en la cruz del Viernes Santo. Aunque es verdad que ser cristiano exige sacrificios y no podemos de ninguna manera ignorar la cruz y la penitencia, a veces tengo la impresión de que algunos exageran la nota de tristeza de tu religión y se vanaglorian de ser buenos cristianos, sólo porque dicen no a las cosas buenas de la vida.

Entiéndeme bien, Señor. No es que esté buscando una religión fácil, que sé que no existe; pero me parece que tu hijo Jesús habló mucho de alegría, de paz y de gozo, aun en las tribulaciones. Me perdonas, Señor, pero tengo la impresión de que a muchos de tus predicadores y representantes aquí abajo, les está haciendo falta un poquito de buen humor. ¿Cómo crees que vamos a atraer a los indiferentes y a convencer a los incrédulos, con la cara de aburridos que tenemos tantos cristianos?

Yo estoy de acuerdo con Francisco de Asís, uno de tus «santos alegres», cuando afirmaba que «la alegría es el segurísimo remedio contra mil insidias del demonio.»

¿Y qué me dices de los jóvenes hoy solicitados por mil tentaciones atractivas y falsas alegrías? ¿Cómo vamos a atraerlos a la verdadera alegría del Evangelio si les presentamos una religión apagada, gris, que podría tener algún mérito pero sólo para una minoría que nació con una especial vocación a la soledad y al sacrificio?

Yo veo en la Biblia un Dios diferente, alegre, aunque ciertamente exigente; alegremente exigente. Un Dios joven, que como dice el salmo llena de alegría nuestra vida, porque es «el Dios de mi alegría y mi deleite» (Salmo 43.4). Un Dios que, como dice San Agustín, «es más joven y más alegre que todos.»

Pero mi pregunta se está convirtiendo en respuesta; y eres tú el que tienes las respuestas. Te escucho, pues, Señor.

Cariñosamente,

Tu hijo alegre y fiel

Respuesta de Dios

Mi querido hijo alegre y fiel:

Bien lo has dicho; no tienes que sacrificar tu alegría para serme fiel. Tienes razón también en reclamar un Dios alegre, pues yo soy alegre, sustancialmente alegre, eternamente alegre y para que no te quede duda déjame recordarte algunos pasajes de mi Palabra donde me describo a mí mismo como el Dios de la alegría. Repasa por ejemplo, el salmo 95 donde convoco a mi pueblo a:

«...cantarme con júbilo;
a aclamarme con cánticos.

Llegar ante mí, con acción de gracias,
y aclamarme, como la roca de la salvación» (1).

Precisamente ese libro de los Salmos es una colección de himnos, en buena parte de alabanza jubilosa y alegre. Y, aun los que revelan tristeza, dolor o arrepentimiento, sirven de saludable instrumento para aliviar el corazón.

Mi relación con mi pueblo ha sido siempre una de alegría, como fruto de la fe y de la esperanza. También en el templo y la oración debe campear la alegría. «Les llenaré de alegría en la casa de oración», mandé a decir a todos con mi profeta Isaías (56:7). Pero esta alegría debe extenderse a toda la vida: a la vida de hogar; aun a acciones tan comunes como la de sentarse a la mesa y participar del alimento. «Allí en la presencia del Señor su Dios, ustedes y sus familiares comerán, y se regocijarán por los logros de su trabajo, porque el Señor su Dios los habrá bendecido», dice el libro de la Ley (Deuteronomio 12.7). Y podría seguir ensartando muchos textos del mimo tenor.

Lo que pasa es que muchos cristianos se han creado un Dios a su imagen y semejanza. Como no saben amar, se figuran a un Dios de poco amor; como viven de mal genio, se imaginan a un Dios aburrido y terrible. Pero toda mi Revelación está en contra de esto. En Jesucristo, mi Hijo, y en la Biblia, mi Palabra revelada y eterna, descubrirás a un Dios muy diferente: tierno, joven, simpático, infinitamente amable, indulgente, comprensivo, alegre y desprevenido. Y si me siguen midiendo con la medida con la que ustedes se miden unos a otros, se van a equivocar y a la larga descubrirán que soy infinitamente mejor de lo que pensaban.

La calidad de mi alegría la pueden descubrir en mi Hijo. Él sí que fue alegre. Serenamente alegre, divinamente alegre, infinitamente alegre, siempre alegre; alegre en la alegría, alegre en el dolor, alegre en el triunfo y alegre en los aparentes reveses de su vida y ministerio.

Sus «bienaventuranzas» son toda una novedosa filosofía de

cómo ser felices en cualquier circunstancia: alegres inclusive en la pobreza, la persecución o las lágrimas. Y por supuesto, alegres en la práctica de las virtudes, como la pureza de corazón, la paz, la paciencia y la misericordia. Alegres, ¡siempre alegres! Por eso todas las páginas del Evangelio están inundadas de invitaciones al gozo y de reprensiones por la tristeza. En el momento supremo de la prueba final, cuando mi Hijo se despedía de su pequeño grupo de allegados, les aseguraba una alegría sin igual:

> «Les he dicho esto para que tengan mi alegría y así su alegría sea completa... Les aseguro que ustedes llorarán y se lamentarán, mientras que el mundo se alegrará. Se pondrán tristes, pero su tristeza se convertirá en alegría... Aunque ahora están tristes, cuando vuelva a verlos se alegrarán y nadie les va a quitar esa alegría»
> *(Juan 15:11; 16:16 y 20).*

La verdad es, hijo, que la alegría cristiana es algo muy distinto a un contentamiento fácil o a la frívola, fugaz alegría que muchos persiguen en los bienes pasajeros de este mundo. Y por supuesto, difiere radicalmente de la alegría engañosa del placer prohibido; del vicio y del pecado, que a la larga se convierten en desgarradora tristeza.

La alegría que mi hijo y yo ofrecemos y que en último término viene a ser uno de los frutos de mi Espíritu, es una alegría sustancial, que se incrusta para siempre en el alma del creyente, radica en lo más profundo de su ser como parte integrante de su nueva vida, y no está sometida a los vaivenes de los acontecimientos. Es una alegría en las buenas y en las malas. Una alegría y gozo que superan cualquier prueba y tristeza.

Por eso tienes que tener mucho cuidado cuando interpretes las llamadas «bienaventuranzas», pero de eso hablaremos en otra ocasión. Por hoy, ¡felicidades! hijo.

Tu Dios

Oración del buen humor

«Señor, dame una buena digestión
Y naturalmente, algo que digerir.
Dame la salud del cuerpo,
Y el buen humor necesario para mantenerla. Dame
   un alma sana, Señor, que tenga siempre ante los
   ojos lo que es bueno y puro, de modo que, ante el
   pecado, no se escandalice, sino que sepa
   encontrar el modo de remediarlo.
Dame un alma que no conozca el aburrimiento,
los ronroneos, los suspiros ni los lamentos.
Y no permitas que tome demasiado en serio
esa cosa entrometida que se llama el «yo».
Dame, Señor, un buen sentido del humor.
Que aprenda a reírme de un buen chiste
y a descubrir el lado alegre de la vida,
para compartirlo con los demás»

Tomás Moro

XV

Carta de la sinceridad

Sálvanos, *SEÑOR, que ya no hay *gente fiel;
    ya no queda gente sincera en este mundo.
No hacen sino mentirse unos a otros;
    sus labios lisonjeros hablan con doblez.
El SEÑOR cortará todo labio lisonjero
    y toda lengua jactanciosa
que dice: «Venceremos con la lengua;
    en nuestros labios confiamos.
    ¿Quién puede dominarnos a nosotros?»

Salmo 12:1-4

XV

¿Por qué hay tanta hipocresía?

Señor:

¡Estoy cansado de tanta hipocresía! De los falsos amigos que de frente se deshacen en zalamerías, piropos y alabanzas, y por detrás denigran de mí, con críticas y chismes insidiosos. De las promesas huecas y las sonrisas falsas. De las actitudes serviles y las movidas mañosas; de las traiciones a mansalva y las zancadillas disimuladas; de los cariños fingidos, los favores forzados y lo halagos interesados.

¿No te parece, Señor, que vivimos en un mundo de fingimientos y apariencias? Una palabra tuya al respecto podría ayudarnos a quienes queremos todavía servir la verdad y practicar la sinceridad.

Tu hijo «sincero».

~~&~~

Respuesta de Dios

Mi querido hijo «sincero»:

Nadie marcó mejores pautas sobre la *sinceridad* que mi Hijo, cuando inculcó a sus seguidores: «*Cuando ustedes digan "sí",* *que sea realmente "sí"; y cuando digan "no", que sea "no".* *Cualquier cosa de más, proviene del maligno*» (Mateo 5:37). La sinceridad es una de las más bellas virtudes de la persona humana. El sincero es amigo de la verdad, como lo fue mi Hijo Jesús. Él la practicó en el grado más elevado y quiso rodearse de gente sincera; aunque por desgracia no siempre lo consiguió. Déjame recordarte dos personajes interesantes entre los muchos que se relacionaron con mi Hijo allá en la tierra.

El primero es Judas Iscariote, prototipo de insinceridad. Fue su actitud hipócrita, de fingimiento y disimulo, la que lo perdió. De nada valió que mi Hijo Jesús tratara de salvarlo por todos los medios. En plena cena de despedida, cuando en la víspera de su sacrificio supremo mi Hijo abría su corazón al grupo de los doce, Judas no tuvo el menor empacho en meter su mano en el plato de Jesús, y hasta preguntar con la mayor hipocresía y desfachatez: «¿Acaso seré yo el que va a traicionarte, Maestro?» Claro que el colmo del disimulo y la traición se dio en Getsemaní donde Judas se atrevió a utilizar el beso de «amigo», para entregar a quien había sido su Maestro y compañero de ministerio por tres años. No te sientas, pues, hijo, muy desanimado de verte a veces rodeado de gente hipócrita y traicionera.

Esta gente acaba por ser descubierta. Y termina enredándose en sus propias mentiras y falsedades. Ya sabes cómo terminó Judas.

El otro personaje de quien te quiero hablar es Zaqueo. Era un publicano de Jericó. Los publicanos no eran muy apreciados en la sociedad de ese entonces. Se les consideraba gente pecadora y «plebeya», indigna de rozarse en sociedad, como hoy dicen. Sin embargo, Zaqueo atrajo la atención y, yo diría, el cariño de mi Hijo, que tenía un ojo penetrante para ver hasta el fondo del corazón. Fue de verdad simpático observar a Zaqueo, un hombrecito de corta estatura, trepado en el árbol sicómoro, tratando de ver a Jesús (Lucas 19:1-7). Su actitud revelaba a una persona espontánea, sinceramente interesada en un encuentro con el Maestro. Hasta su nombre, que en hebreo significa «*el puro, el limpio, el inocente*», revelaba en este hombre una disposición positiva y abierta a conocer la verdad y practicarla. Así se probó más tarde, cuando después de abrir su casa al Maestro y conversar con él, estuvo dispuesto a enmendar su vida y retribuir a los que había defraudado como recaudador de impuestos.

Zaqueo cosechó los frutos de su sinceridad. Primero atrajo la atención y simpatía de Jesús. A él y a mí nos gusta compartir con los corazones transparentes y sencillos. Y si no, ¿por qué crees que él alguna vez dijo: «*Dejen que los niños vengan a mí..., ¿porque el reino de Dios es de quienes son como ellos*»? *(Marcos 10:14)*. ¡Nada hay más hermoso y atractivo que la sencillez y sinceridad de un niño! Entre los pocos elogios proporcionados por mi Hijo, recuerdo uno muy especial otorgado precisamente a una persona sincera: Natanael: «*Aquí tienen ustedes a un verdadero israelita en quien no hay falsedad*» (Juan 1: 47).

Yo te agradezco mucho, hijo, que me hayas planteado este tema. Todos aquellos que tú describes en tu carta deberían saber que ser sincero es el mejor negocio del mundo. La sinceridad es la virtud que permite cultivar una relación sana y productiva con todos: en el hogar, en el trabajo, en la iglesia, en la sociedad en general. Y por supuesto, debe ser la base de toda relación conmigo. La sinceridad abre mil posibilidades a la amistad entre ustedes allá en la tierra, y conmigo, que soy «*Dios de verdad, y sin ninguna iniquidad, justo y recto*» (Deuteronomio 32:4). Judas sacrificó la amistad preciosa con mi Hijo por no ser sincero, y dejarse llevar de sus ambiciones mal disimuladas. A Zaqueo, su sinceridad y apertura de corazón le llevaron a ganarse la mejor de las amistades, la de Jesús. Y esa fue su salvación. De allí en adelante, Zaqueo fue un hombre nuevo, según lo cuenta el historiador Lucas (19:8-10). Sus relaciones conmigo, a través de mi Hijo, fueron excelentes y lo mismo ocurrió con sus relaciones con sus allegados, amigos y clientes, pues su vida se enrutó por caminos limpios de verdad y de bien. Y esto repercutió no sólo en su persona, sino en su hogar.

Es verdad, hijo, atravesamos tiempos difíciles en los que la mentira, el disimulo y la hipocresía campean; y parece que no se puede salir adelante ni en el trabajo, ni en el estudio, ni en los negocios sin echar mano a la mentira o engaño. Pero como dicen algunos de los adagios o refranes que ustedes usan allá: «*Primero cae un mentiroso que un cojo; y la mentira tiene piernas cortas y no va muy lejos.*»

Déjame darte un consejo para terminar. No exageres demasiado la importancia del juicio de los demás, sobre todo cuando se basa en intereses y preferencias. No busques en otros un diploma de honorabilidad, ni un seguro de valor personal, ni un certificado de virtud. Busca todo eso en mí. Yo te conozco bien, y te aprecio. Como dice mi siervo Juan: «*Ante mí debes sentirte seguro, porque, aunque tu corazón te condene, yo soy más grande que tu corazón y lo sé todo*» (1 Juan 3:20). «*Acércate, pues, a mí, con corazón sincero y con la plena seguridad que da la fe, purificado interiormente de una conciencia culpable y lavado interiormente con agua pura*» (Hebreos 10 22).

Tu Padre y amigo «sincero»

Oración por
un nuevo corazón

Dame, Señor, un nuevo corazón
humilde, sincero y transparente.

Un corazón sensible a tu gracia,
abierto a conocerte,
capaz de establecer contigo
estrecha relación a la distancia.

Un corazón de niño,
abierto a la confianza y a la fe,
capaz de compartir y comprender.

Un corazón de carne,
sensible a la ternura y al amor;
listo para la entrega y el sacrificio.

Un corazón sencillo y comprensivo,
que supere los odios y egoísmos;
y construya puentes de perdón.

Un corazón abierto a los demás
capaz de amar y ser amado;
abierto a la amistad.

Dame, Señor, un corazón nuevo,
abierto a la verdad y a la belleza;
que descubra en la vida
las huellas de tus manos creadoras,
de tu amor redentor,
de tu gracia y tu perdón.

Un corazón hecho a tu medida
que, viviendo en la tierra,
sueñe todos los días con el cielo;
y pase por el tiempo,
como apurado peregrino
hacia la eternidad.

L.J.C.

XVI

Carta sobre la iglesia

⁴ Una sola cosa le pido al SEÑOR,
   y es lo único que persigo:
   habitar en la casa del SEÑOR
   todos los días de mi vida,
   para contemplar la hermosura del SEÑOR
   y recrearme en su templo.

Salmo 27:4

⁷ Pero yo, por tu gran amor
   puedo entrar en tu casa;
   puedo postrarme *reverente
   hacia tu santo templo.

Salmo 5: 7

¹ Yo me alegro cuando me dicen:
   «Vamos a la casa del *SEÑOR.»

Salmo 122:1

XVI

¿Y la iglesia, para qué...?

Querido Dios:

Hoy vuelvo a molestarte para preguntarte sobre la iglesia y el templo. Veo que hay diversas opiniones sobre este asunto. Desde los que dicen que no son necesarios, que eso de ir al templo no hace falta; hasta los que afirman que es imposible vivir una vida cristiana auténtica, sin participar de la vida de comunidad, que sólo se da en la iglesia y se cultiva más concretamente en el templo.

Y para que no creas que es sólo asunto mío te trascribo algunas opiniones en uno u otro sentido que he recogido por ahí:

«¡Usted no sabe lo que se pierde por no ir al templo!»«La iglesia me ha ayudado mucho a dar una buena educación a mis hijos.»«Ir al templo con mi familia nos ha mantenido mucho más unidos.»«Sólo el que va al templo y asiste regularmente a sus servicios puede testimoniar las muchas bendiciones que recibe...»«En el templo recibo inspiración y descanso espiritual; y hallo consejo y orientación para mi vida...» «Para mí, asistir a la iglesia constituye la cita semanal indispensable con Dios y mis hermanos.»«Alabar a Dios es obligación de toda criatura. Y esto se logra mejor en comunidad.»«Para mí, asistir a la iglesia es como una necesidad. Cuando no lo hago, me queda toda la semana como un vacío...»

Estas son las respuestas de los que habitualmente frecuentan la iglesia y participan en sus cultos y servicios. Pero, al preguntar a otros menos asiduos al culto y a otras actividades de la iglesia, encontré otra clase de respuestas:

«Uno puede adorar a Dios desde su casa...»«Ahora hay cultos y sermones a granel en la televisión y la radio...»«El domingo es el único día para relajarse y hacer cosas que uno no puede hacer durante la semana.»«Esos sermones son muy aburridos.»

Otros sencillamente me respondieron que no creían que asistir a la iglesia le hiciera mal a nadie; y que de seguro a muchos podía ayudarles, pero que ellos no sentían la necesidad de asistir.

Me parece, Señor, que tu opinión sobre este importante asunto podría despejar muchas dudas; ilustrar y orientar a los desorientados y reafirmar a quienes experimentan y defienden los beneficios de una fiel y asidua participación en la vida de la iglesia y en la asistencia al templo.

Con mucho cariño,

Tu hijo fiel

---·ℰ·---

Respuesta de Dios

M i querido hijo fiel:

¡Cómo me gusta escuchar esa palabra con la que te identificas: «fiel»!, porque esto es lo mínimo que yo espero de los que dicen creer en mí. En verdad una cosa es «tener fe» y otra muy distinta «ser fiel.» Hasta el demonio tiene cierta clase de fe; cree en mi existencia, por eso me ataca, y ataca a los que en mí creen y quieren vivir su fe, en fidelidad. Ser fiel es poner en práctica la fe, día a día. Y esto es lo que no hacen muchos de los que se llaman «creyentes» o «cristianos.» Y es precisamente en esto de participar en la vida de la comunidad de los creyentes, asistiendo al templo donde se manifiesta de una manera concreta la «fidelidad» a mis enseñanzas y a las enseñanzas de mi Hijo. Lo que quiero decir es que la asistencia fiel al templo y la participación en la vida de fe de la comunidad es una forma primordial de practicar la fe. Por otra parte, mi Palabra está llenas de enseñanzas y ejemplos en cuanto a la necesidad de unirse en oración, adoración y alabanza para honrar mi nombre y nutrir la vida espiritual. Mi Hijo lo puso de la manera más sencilla:

> «Les digo que si dos de ustedes en la tierra se ponen de acuerdo sobre cualquier cosa que pidan, les será concedida por mi Padre que está en el cielo. Porque donde dos o tres se reúnen en mi nombre, allí estoy yo en medio de ellos» (Mateo 18:19-20).

Es decir, hijo, que la bondad de ejercitar la vida de fe en comunidad radica no sólo en la conveniencia de estar juntos, sino en la incomparable ventaja de disfrutar de la presencia y compañía de nada menos que mi Hijo; lo que da tremenda proyección y poder a la oración, a la alabanza y al intercambio de bienes y bendiciones de los participantes, así no sean sino dos o tres.

Pero déjame organizarte por partes algunas razones que siento que es muy importante que tú y muchos otros conozcan acerca del beneficio de la participación en la vida de la iglesia y de la asistencia al templo:

La iglesia y el templo es el lugar natural para encontrarse conmigo.

En efecto, la palabra IGLESIA («ecclesía»), en el contexto

de mi Revelación, significa desde los mismos tiempos de Moisés, los profetas y los sabios, «asamblea del pueblo, convocada por mí.» Soy yo quien abro el diálogo, el primero en hablar.

Si te fijas bien, ese libro que ustedes han dado en llamar la Biblia, y que contiene mi revelación, es en buena parte una especie de diálogo con mi pueblo directamente o a través de sus representantes. Y contiene miles de convocatorias y llamamientos, y exhortaciones hechas por mi propia iniciativa, así como las respuestas y consecuencias de estos llamamientos y exhortaciones.

Desde el Paraíso hasta el Sinaí; y desde la posesión de la tierra prometida, hasta Jesucristo, pasando por los reyes y profetas, yo fui siempre consistente en convocar a mi pueblo para hablar con él, comunicarle mis leyes y promesas, y reclamar su reconocimiento y adoración.

Y pasando a la segunda parte de mi Alianza, que ustedes han dado en llamar, «Nuevo Testamento», la nueva «ecclesía», formada por mandato expreso de mi Hijo Jesucristo, recibió la orden de convertirse en comunidad, reunirse en un lugar especialmente elegido para la oración y el estudio de mi Palabra y esperar allí la llegada de mi Espíritu. Debes repasar los primeros capítulos del libro de los Hechos para ver cómo los creyentes desde un principio sintieron la necesidad de asociarse, estar juntos, formar comunidad y esperar en unidad física y espiritual mis bendiciones, y la llegada del Espíritu Santo. Y esta tónica de vida comunitaria se continúa a través del Nuevo Testamento y de toda la historia de la Iglesia.

Ustedes, hijo, los que se identifican con el nombre de mi Hijo, como «cristianos», que creen sinceramente en él, como el Salvador de sus vidas y se reúnen en su nombre, son «mi nuevo pueblo», «el auténtico pueblo de Dios.» Y si en la antigua Alianza mi lugar de cita con mi pueblo era el tabernáculo o el templo, en la Nueva Alianza mi lugar de encuentro preferido es el templo. Y no me entiendas mal, hijo. No estoy hablando solamente de catedrales o iglesias suntuosas, sino de cualquier lugar, por humilde que sea, donde «dos o tres de mis hijos se reúnen, en el nombre de mi Hijo Jesucristo.» La primera conveniencia y razón para asistir al lugar de adoración es, pues, que este es el lugar de mi encuentro con mi pueblo. Allí yo los espero; y estando juntos, yo hablo y escucho; mi Palabra se hace viva, al comunicarse; y las oraciones y súplicas, cánticos y alabanzas; confesiones y reclamos de mi pueblo suben como incienso de agradable olor al altar de mi trono eterno y omnipotente.

En segundo lugar, el templo es el lugar de encuentro con tus hermanos.

Una vida de soledad y aislamiento espiritual, sin la oportunidad de comunicarte y compartir con otros, dar de lo tuyo y recibir de otros, te empobrece. Por eso hay tanta gente rica en bienes materiales, que exhiben una vergonzante pobreza moral y espiritual. Si todos necesitan de la comunidad para vivir adecuadamente su vida en el campo económico, político, social, intelectual y material, con mayor razón necesitan de ella para el intercambio de bienes del espíritu y el cultivo de las virtudes que sólo se pueden ejercer en comunidad, como el amor, la compasión, la justicia, la paciencia, la solidaridad y muchas más.

Este intercambio de bienes del espíritu mejoran por dentro a las personas, y se da en la iglesia de una manera eminente, sin que esté ausente en el mismo el cultivo e intercambio de otros bienes como el de la amistad, la sana vida social, la recreación y la ayuda mutua. Como ves, hijo, las comunidades de creyentes deben buscar no sólo estrechar las relaciones de mi pueblo conmigo, como su Dios amoroso y Padre protector y providente, sino fortalecer los vínculos de amor y solidaridad, cooperación y servicio de sus miembros entre sí. El término «hermano» de uso tan corriente entre ustedes, los creyentes, debe ser más que un formalismo. Debe convertirse en la expresión de una realidad auténtica de identidad en el amor de todos los miembros de la comunidad, como hijos de un solo Padre, integrantes de una sola familia: la familia de la fe. Tal como ocurrió en la iglesia primitiva, en la que «todos los creyentes estaban unidos y tenían todo en común», o como dice otra versión, «compartían sus bienes entre sí» (Hechos 2:44).

En tercer lugar, en el templo te encuentras contigo mismo. La mayoría de la gente vive hoy una vida proyectada hacia afuera; sin mirar a su interior, sin examinarse a sí misma para conocerse mejor: descubrir sus virtudes y falencias, analizar sus logros o sus fallas; hacer un balance y plantearse un plan para el futuro, que los mejore, restaure, estimule y proyecte.

En el templo y dentro de la comunidad de creyentes, se te da la oportunidad para confrontar tu propia situación interior. Y lo mejor de todo es que yo estoy allí, para iluminarte con la luz de mi Palabra y fortalecerte con mi gracia. Mi Palabra te ayudará a penetrar en lo más recóndito de tu alma, para descubrir la realidad de tu verdadero estado espiritual. Verás lo que realmente posees de bien y de virtud, pero también lo que te falta. Y mi gracia te hará sentir la necesidad de mi auxilio y perdón, de mi asistencia para vencer las tentaciones y embates del enemigo, y mi compañía para continuar creciendo, avanzando en el difícil camino de la virtud.

En ese diálogo íntimo conmigo y con tus hermanos; a través de la orientación e inspiración que mis siervos los pastores del rebaño te impartan, descubrirás que hay remedio para tus males y hay recursos y soluciones para tus problemas; y hay múltiples razones para ser optimista, seguir adelante, a pesar de los obstáculos, y crecer cada día en tu fidelidad a mi gracia y a mi amor.

Y como dicen tus hermanos del Norte, «*last*» pero no «*least*», en el templo vas a encontrarte con un Dios, yo mismo, que te ama y que viene dando testimonio de su amor desde la eternidad. Te encontrarás además con mi Hijo, que también es Dios, Dios encarnado que se hizo uno de ustedes, y ofreció su vida en la cruz, para hacer posible tu redención y asegurarte una vida eterna y feliz. Y te encontrarás con el Espíritu Santo que impulsará tu vida por caminos insospechados de virtud y bien, haciéndote crecer en su gracia. *En cuarto lugar, la asistencia al templo es una oportunidad para el descanso.*

El día destinado para ir al templo ha dado en llamarse «día de reposo», que es la transcripción de la palabra hebrea «shabat» o sábado: «día de descanso.» Y esto, no sólo porque en él cesan las actividades regulares del trabajo, sino porque es el día cuando, libres de las preocupaciones de la semana laboral, pueden ustedes los hombres y mujeres atender esa especial cita conmigo, en mi santuario, según lo he descrito atrás. El culto debe ser una actividad de inspiración y solaz espiritual que proporcione reposo al alma y renueve las fuerzas del espíritu; que ofrezca consuelo a los que llegan con el corazón quebrantado, y fortaleza a quienes se sienten débiles para seguir adelante en el camino de la fe y de la virtud. La oración, el canto y la exhortación de mi Palabra, deben obrar como un baño refrescante que estimule la vida del creyente, lo reafirme en su fe, lo haga crecer en su vida de fe y fortalezca aún más sus relaciones conmigo, como su Padre y Señor, y con Jesucristo, mi Hijo. Toda esta hermosa experiencia estará presidida, informada y promovida por la acción invisible de mi Espíritu, que es Espíritu de gozo, de consuelo, de fortaleza, de sabiduría y amor.

Resulta así que la oración y la alabanza reconfortarán los espíritus, para continuar con alegre optimismo la lucha cotidiana no importa qué tan difícil y dolorosa pueda aparecer. La alegría del canto, la adoración y la alabanza afinarán las fibras más delicadas de la mente y el corazón de los participantes, proyectándolos a las regiones superiores de la divinidad, para sentir mi presencia y gozarse en mi compañía.

La asistencia al culto y a la iglesia propicia, pues, un encuentro saludable y necesario que permite, entre otras cosas, a los que participan en él, hacer una pausa en los diarios quehaceres, la rutina del trabajo y las preocupaciones cotidianas, para mirar a lo alto, buscar mi rostro, disfrutar de mi compañía y la de los hermanos, cantar, alimentarse con mi Palabra, compartir y vivir de verdad una vida de comunidad de bienes y servicios; y bajo el patrocinio de mi Espíritu y en el nombre de quien da razón y proyección a todo esto: mi Hijo Jesucristo.

Todos estos sentimientos son expresados por el salmista, que encuentra mil razones para estar alegre al hallarse en mi presencia, e invita a todos los mortales a buscarme en el templo:

«Aclamen alegres al Señor,
    habitantes de toda la tierra;
    adoren al Señor con regocijo.
    Preséntense ante él
    con cánticos de júbilo.
    Reconozcan que el Señor es Dios;
    él nos hizo, y somos suyos.
    Somos su pueblo, ovejas de su prado.
Entren por sus puertas
    con acción de gracias;
    Vengan a sus atrios
    con himnos de alabanza;
    denle, gracias, alaben su nombre.
Porque el Señor es bueno
    y su gran amor es eterno;
    y su fidelidad permanece para siempre»
                                    (Salmo 100).

Todo esto te prueba, mi querido hijo fiel, que tú y todos los demás tienen mucho que ganar asistiendo al templo y participando en las actividades de tu iglesia.

Con mucho amor,

Tu Dios

Oración por la iglesia

Señor, somos peregrinos,
caminantes sedientos de lo Absoluto.
Vagamos por este mundo,
sin tener tierra propia.
Tú, Señor, eres nuestra Tierra Prometida.
Con tu caminar nos haces camino.

Gracias porque nos has hecho pueblo,
tu pueblo, «el pueblo de Dios»,
donde conviven pobres y ricos,
sabios e ignorantes,
buenos y malos,
santos y pecadores.

Habilítanos, como iglesia,
para transmitir a todos
tus bienaventuranzas,
y el mensaje de la reconciliación.

Que nuestra iglesia sea de verdad,
un remanso de paz y amor,
capaz de transmitir esperanza.

Haznos, Señor, «Iglesia caminante»;
no instalada en la comodidad.
Que capture tu visión de salvación,
abriendo nuevos horizontes,

con nuevos desafíos
de conquistas para Cristo.

Conviértenos en comunidad de amor auténtico,
de alma generosa y universal,
en los caminos del Espíritu.

Haznos, Padre, una familia de hermanos,
una comunidad de amigos,
que dan testimonio
del amor y comprensión de Jesucristo;
portadores de una nueva civilización
de vida, unidad y amor.

Y haznos felices, como tu Pueblo,
que camina gozoso
hacia la plenitud de tu amor,
en la eternidad. Amén

L.J.C.

XVII

Carta sobre la muerte

[13]Hermanos, no queremos que ignoren lo que va a pasar con los que ya han muerto,* para que no se entristezcan como esos otros que no tienen esperanza.

[14]¿Acaso no creemos que Jesús murió y resucitó? Así también Dios resucitará con Jesús a los que han muerto en unión con él.

[15]Conforme a lo dicho por el Señor, afirmamos que nosotros, los que estemos vivos y hayamos quedado hasta la venida del Señor, de ninguna manera nos adelantaremos a los que hayan muerto.

[16]El Señor mismo descenderá del cielo con voz de mando, con voz de arcángel y con trompeta de Dios, y los muertos en Cristo resucitarán primero.

[17]Luego los que estemos vivos, los que hayamos quedado, seremos arrebatados junto con ellos en las nubes para encontrarnos con el Señor en el aire. Y así estaremos con el Señor para siempre.

1 Tesalonicenses 4:13-17

---

*4:13 han muerto. Lit. duermen; el mismo verbo en vv. 14 y 15.

XVII

¿Y después de la muerte, qué?

Querido Dios:

Muchas veces me he preguntado qué significa el artículo del credo de la mayoría de las confesiones que reza: «Creo en la vida del mundo futuro.»

En tiempos pasados algunos científicos quisieron negar la existencia de la vida eterna en nombre de la ciencia; hoy son muchos los que humildemente confiesan que esta es una cuestión que sobrepasa el saber empírico, para la cual las ciencias naturales no tienen la respuesta adecuada. Reconocen que, aun en este mismo campo de la ciencia empírica, estamos todavía en pañales: nuestro conocimiento, tanto del macrocosmos como del microcosmos, es aún muy limitado. Parece, pues, tener razón el científico moderno Hoimar von Ditfurthn, cuando afirma que «el alcance del mundo real debe sobrepasar en proporciones inimaginables el horizonte del conocimiento del que ahora disponemos».

El otro día, al leer sobre los hallazgos de la micro y macrofísica me hice más consciente de los límites de mis conocimientos y de lo insignificante de nuestra realidad humana, comparada con la formidable máquina del universo. ¿Qué son, en efecto, mis años de vida en comparación con la edad de la humanidad? ¿Y qué son a su vez los 100.000 años de vida de la humanidad en comparación con toda la galaxia a la que pertenece nuestro planeta que abarca aproximadamente 100.000 millones de estrellas individuales, una de las cuales es el Sol?

El solo hecho de mirar al cielo en una noche estrellada estremece mi alma con mil interrogantes, porque me siento inserto en la gran historia del cosmos, historia tan sublime como cruel, repleta de catástrofes que afectan directamente a los hombres: terremotos, hambrunas, sequías e inundaciones, erupciones volcánicas, huracanes y maremotos que se llevan por delante pueblos y civilizaciones enteras. Para no hablar de las conmociones y catástrofes de orden histórico, moral y social provocadas, ya no por la naturaleza, sino por el hombre mismo: sus pecados, ambiciones, egoísmos y maldades. Toda esta historia de catástrofes físicas, sociales, morales y espirituales producen en mí y en muchos más, interrogantes punzantes en relación con la vida, su dirección y sentido; su justificación y valor.

¿Qué significado tiene la vida realmente? ¿A dónde nos lleva todo esto? ¿A dónde se dirige la humanidad? ¿Cuál es su futuro, si es que hay algún futuro? ¿A dónde me dirijo yo mismo? ¿Es mi vida, como la vida de la mayoría de los que he visto nacer y morir: un camino sembrado de rosas y de espinas, muchas lágrimas y algunas alegrías, para terminar todo en una tumba?

Yo sé, Señor, que en ésta, como en otras muchas ocasiones, tu Palabra de sabiduría despejará las incógnitas que acosan la mente de,

Tu hijo curioso

Respuesta de Dios

Mi querido hijo curioso:

Muchos han querido enterrar la religión, declarándola inútil o injusta por adormecer al hombre en su mal y dolor. Pero lo que mi Palabra promueve es una «religión depurada y responsable», que, convenciendo al hombre de la inutilidad de sus esfuerzos para cambiarse a sí mismo y cambiar al mundo, le muestra el camino de la fe y la confianza en un nuevo poder, que no es otro que el poder de mi gracia y de mi amor, testimoniados en la persona de mi Hijo Jesucristo.

Esta fe y confianza producen hombres y mujeres diferentes, con convicciones y poderes formidables, por la fuerza de mi presencia y la presencia de mi Espíritu en cada uno de ellos. En este convencimiento encuentran respuestas claras en donde los no creyentes ven sólo oscuridad y confusión; y mi compañía y poder se convierten en su vida y en la vida de muchos otros en una fuerza incontenible de transformación para el bien. Parte de esta convicción y poder es la capacidad de proyectarse no sólo en el tiempo sino para la eternidad.

Esta combinación de tiempo y eternidad, o de vida temporal proyectada hacia una vida eterna y una vida eterna que comienza a realizarse en el tiempo, se encarna a la perfección en la persona de mi Hijo Jesucristo, Dios y Hombre. Creer en él es ampliar tus posibilidades de vida hasta lo infinito, con una fe y confianza que te hacen perder las ilusiones sobre ti mismo para depositarlas en mí y trabajar juntos en procurar que la tierra no degenere en un infierno, sino que aun en este mundo y tiempo en que vives se haga visible y palpable mi Reino de amor, de justicia y de paz.

Todo esto será apenas un anticipo de lo que será mi reino eterno de felicidad, donde

«[...] Yo moraré para siempre entre todos ustedes los humanos. Yo acamparé en medio de ustedes, y ustedes serán mi pueblo. Yo mismo estaré con ustedes y seré su

Dios. Enjugaré toda lágrima de los ojos. Ya no habrá muerte, ni llanto, ni lamento, ni dolor, porque las primeras cosas han dejado de existir...Y no habrá más noche, ni necesidad de luz de lámparas, ni de luz de sol, porque yo los iluminaré y reinarán por los siglos de los siglos...» (Apocalipsis 21:3 y 22:5).

Y no te creas, hijo, que a quien toma en serio esta fe y confianza en un mundo futuro se le hace todo «fácil» y se le acaban las pruebas y problemas. No; creer en la vida eterna debe hacer más responsables de esta tierra y de esta vida a los creyentes, pues esta misma fe les anuncia una segunda venida de mi Hijo a este mundo, como el Juez que pedirá razón de todos los bienes recibidos de mí, incluyendo la vida.

Déjame resumirte entonces lo que significa creer en la consumación de la vida por obra de mi gracia, manifestada en mi Hijo, Jesucristo. Creer en la vida eterna significa tener fe ilustrada y esperanza probada de haber sido plenamente liberado de la culpa y el pecado y definitivamente aceptado por mí, como heredero de mi gloria...

Es poder vivir una existencia libre de las angustias de la eterna condenación y comprender que la ambigua historia de la humanidad y tu propia historia adquirirán un día, cuando llegue «mi tiempo», pleno sentido y recibirán respuesta a todas sus incertidumbres y contradicciones.

El creer en la vida eterna te permitirá trabajar con sosiego y realismo en la construcción de un mundo mejor, de una sociedad más justa, incluso una iglesia más fiel y consagrada a la gloria de mi nombre y al bien de mis hijos, sabiendo eso sí, que la paz y la justicia completas se cumplirán plenamente en la eternidad.

Creer en la vida eterna es saber que las instituciones, gobiernos, sistemas y empresas llevadas a cabo por los hombres son todas de carácter transitorio; que la división en clases y razas, de ricos y pobres, blancos y negros, opresores y oprimidos desaparecerá y llegará un día, cuando delante de mí todos serán iguales.

Creer en la vida eterna es tener la posibilidad de dar sentido en todo momento y en cualquier circunstancia a tu vida y a la vida de los demás. Aun el cosmos en su incesante devenir y cambio adquiere sentido partiendo de la esperanza de que sólo en mi gloria divina se alcanzará la verdadera plenitud del individuo, de la sociedad y del universo entero. Como bien lo predicó mi siervo Pablo: «La creación aguarda con ansiedad la revelación de los hijos de Dios» (Romanos 8:19).

Por último, hijo, creer en la vida eterna es creer en mí, en mi vida que se ha manifestado en Jesús de Nazaret y es puesta al alcance de todos, principalmente de aquellos que lloran, sufren, son incomprendidos, marginados o perseguidos; los que pecan y se arrepienten; los que luchan y fracasan, pero siguen luchando; o de los que, como el hijo pródigo, «se habían perdido y ya han sido encontrados» (Lucas 15:24).

Creer en la vida eterna es esperar un reino diferente de los reinos humanos: el reino de Dios, mi reino; el reino de la plenitud, de la salvación definitiva, de la justicia cumplida, de la libertad perfecta, de la verdad inequívoca, de la paz universal, del amor infinito, de la alegría desbordante, de la vida plena y abundante; en suma, de la VIDA ETERNA.

En este reino y en esta vida te espero yo con los brazos abiertos,

Tu Dios

Canto a la vida

Amor y muerte y vida me dan vida.
Tengo dos transparencias: luz y llanto.
Y soy un hombre, porque doy el canto.
Las palabras me vienen de la herida.
Caigo, mas no me apena la caída.
Muchas veces yo caigo y me levanto;
y, venturoso del esfuerzo, canto,
consciente de saberme en mi medida.
Mi amor es encontrarme en la belleza. Mi muerte es
    una vida en la certeza de que, por ser de Dios,
    llego a ser fuerte.
Mi muerte es una vida que renace;
y, por amor y canto, Dios me hace
más fuerte que la vida y que la muerte.

Pablo Cabañas

XVIII

Reportaje a Dios

¹ Hijo mío, si haces tuyas mis palabras
   y atesoras mis mandamientos;
² si tu oído inclinas hacia la sabiduría
   y de corazón te entregas a la inteligencia;
³ si llamas a la inteligencia
   y pides discernimiento;
⁴ si la buscas como a la plata,
   como a un tesoro escondido,
⁵ entonces comprenderás el temor del SEÑOR
   y hallarás el conocimiento de Dios.
⁶ Porque el SEÑOR da la sabiduría;
   conocimiento y ciencia brotan de sus labios.

Proverbios 2:1-6

XVIII

¿Y tú qué piensas, Señor...?

Contrario a lo que muchos puedan pensar, no fue difícil hacerle este reportaje a Dios, por la sencilla razón de que él está siempre dispuesto a dialogar con quien quiera hablarle, preguntarle, y aun reclamarle, sobre cualquier asunto o problema. De hecho ha sido él quien ha tomado la iniciativa de conversar con los hombres, expresarles sus opiniones sobre la vida y la muerte, el tiempo y la eternidad y todo lo que nos ocurre entre cada una de estas realidades. Quien quiera conocer su pensamiento acerca de cualquier situación pasada o presente y aun futura que tenga que ver con el ser humano, que se lea el que podría considerarse el más amplio reportaje de la historia hecho a Dios por más de cuarenta autores, en diferentes partes del mundo, en un período que supera los mil años. Este reportaje maestro de amplio y profundo contenido se llama la Biblia; e interesa a todos leerlo y estudiarlo, para no andar a ciegas en este mundo, y prepararse bien para vivir en el mundo que viene, donde habita y es Dueño y Señor, el personaje al que vamos a hacer este reportaje, en el cual necesariamente deben hacerse algunas referencias al gran libro, que arriba mencionamos.

Entremos, pues en materia:

L.J.: Señor, ¿es que no te has asomado últimamente a la tierra? ¡Hay un desorden espantoso! Los hombres siguen matándose; el crimen, la inmoralidad y la injusticia parecen haberse apoderado del planeta. ¡...y tú, tan callado...!

Dios: Ya todo está dicho, hijo. Lo que pasa es que los hombres «tienen ojos y no ven, tienen oídos, pero no oyen» (Jeremías 5:21; Marcos 8.18). Hace muchos siglos hablé y escribí sobre los problemas a que te refieres. Mi Palabra eterna ha sido viva siempre para quienes quieran leerla, escucharla y aplicarla. Pero, ¿qué es lo que tanto te preocupa?

L.J.: Muchas cosas, Señor. Por ejemplo, la guerra. Parece que los hombres no pueden vivir ni un solo día en paz.

Dios: ¡Claro! ¡Qué van a vivir en paz si la buscan donde no pueden hallarla! Además, movidos por sus pasiones y mezquinos intereses sus acciones y su procederes en nada ayudan a promover la paz. Ya lo había dicho yo por boca de Jeremías, mi profeta:

«Desde el más pequeño hasta el más grande, todos codician ganancias injustas; desde el profeta hasta el sacerdote, todos practican engaño. Curan por encima las heridas de mi pueblo y les desean "¡Paz, paz!", cuando en realidad no hay paz» (Jeremías 6:13-14).

La paz viene de dentro, del corazón. Si el individuo no está en paz primero consigo mismo, y conmigo, mal puede tener paz con sus semejantes. Precisamente, una de las misiones que llevó mi Hijo a la tierra fue la PAZ. «Paz que sobrepasa todo entendimiento» (Filipenses 4:7). Esa que no se consigue en reuniones, ni foros internacionales, sino en el diálogo y comunicación íntima conmigo.

¡Pero si mi Hijo, Jesús, dijo muy claro: «La paz les dejo, mi paz les doy. Yo no se la doy a ustedes como la da el mundo» (Juan 14:27). Sobre este punto de la paz hay más de 600 pasajes muy claros en la Biblia. ¿Pero, es que no sabes leer, hijo?

L.J.: Sí, Señor... ¿pero qué me dices de la INJUSTICIA, de la desigualdad, del hambre y otros problemas sociales?

Dios: También sobre estos problemas he hablado bastante. ¡Cómo se ve que necesitas repasar la Biblia...! ¿A quién crees que se refiere el salmista cuando canta: «Dichoso el que piensa en el débil y el pobre; el Señor lo librará en el día de la desgracia»? (Salmo 41:1). Y todas las bienaventuranzas, ¿no te dicen nada? ¿Ni la lección del siervo injusto que estaba ahorcando al compañero que le debía unos pesos, después de que él mismo fuera condenado en su deuda por su señor? (Mateo 18:21-35).

Los pobres, perseguidos, hambrientos, angustiados y maltratados por la fortuna son mis preferidos. Por eso no quise que mi Hijo fuera a vivir como un rico allá abajo. El ejemplo de su vida austera y pobre debería inspirar a todos a vivir una vida basada más en los valores del espíritu y menos en los valores materiales y mundanos, y a hacer efectivo su amor, en acciones de ayuda y asistencia al prójimo. Tanto mi Hijo como yo nos identificamos totalmente con el pobre y el necesitado; y consideramos todo lo que se hace en su favor, como si se nos hiciera a nosotros mismos. Quiero recordarte que esta va a ser la prueba de fuego y el criterio definitivo para el ingreso a mi reino, cuando mi Hijo, «venga (mejor «vaya») en su gloria con todos sus ángeles y se siente en su trono... Y todas las naciones se reunirán delante de él y él separará a unos de otros, como separa el pastor a las ovejas de las cabras. Pondrá las ovejas a la derecha y las cabras a su izquierda. Entonces dirá el Rey a los que están a su derecha:

»Vengan ustedes a quienes mi Padre ha bendecido; reciban su herencia, el reino preparado para ustedes desde la creación del mundo. [Y aquí viene lo más interesante:]

Porque tuve hambre y ustedes me dieron de comer; tuve sed y me dieron de beber; fui forastero, y me dieron alojamiento; necesité ropa, y me vistieron; estuve enfermo, y me atendieron; estuve en la cárcel y me visitaron.»

Y, a la pregunta: «¿Señor, cuándo te hicimos todo esto?» Él va a responder: «Les aseguro que todo lo que hicieron por uno de mis hermanos, aun por el más pequeño, lo hicieron por mí.» La escena se repite, en tono condenatorio con los que no tuvieron compasión de su prójimo. «Estos irán al castigo eterno y los justos a la vida eterna» (Mateo 25:31-46).

L.J.: ¿ Y qué puedes decirnos sobre la injusticia, opresión y discriminación en que viven aquí abajo muchos de tus hijos?

Dios: En cuanto a la injusticia y la opresión mi Palabra es tajante: «Tal como juzguen se les juzgará y con la medida que midan a otros, se les medirá a ustedes» (Mateo 7:2). Yo odio las injusticias y detesto la discriminación y la opresión. Siglos atrás me había pronunciado sobre todos estos problemas en palabras de mis profetas. Te voy a recordar un par de ejemplos. ¿Qué te parece éste de Jeremías sobre el salario injusto y la riqueza mal habida?:

«¡Ay del que edifica su casa y sus habitaciones
superiores violentando la justicia y el derecho!
¡Ay del que obliga a su prójimo a trabajar de balde, y no
le paga su trabajo!
¡Ay del que dice: "Me edificaré una casa señorial, con
habitaciones amplias en el piso superior." Y le abre
grandes ventanas, y la recubre de cedro y la pinta
de rojo!
Tu padre no sólo comía y bebía, sino que practicaba el
derecho y la justicia, y por eso le fue bien. ¿Acaso
no es esto conocerme? Pero tus ojos y tu corazón

sólo buscan ganancias deshonestas, sólo buscan derramar sangre inocente y practicar la opresión y la violencia» (Jeremías 22:13-17).

Y este otro ejemplo de mi profeta Amós para terminar, por hoy, porque tengo mucho que hacer:

«Ustedes convierten el derecho en amargura y echan por tierra la justicia.
Ustedes odian al que defiende la justicia en el tribunal y detestan al que dice la verdad.
Por eso, como pisotean al desvalido y le imponen tributo del grano, no vivirán en las casas de piedra labrada que han construido, ni beberán del vino de los selectos viñedos que han plantado.
¡Yo sé cuán numerosos son sus delitos, cuán grandes sus pecados! Ustedes oprimen al justo, exigen soborno y en los tribunales atropellan al necesitado.
Busquen el bien y no el mal, y vivirán»
(Amós 5.7, 10-11, 12 y 14).

L.J.: ¿Y qué me dices, Señor, del desbocado afán por acumular bienes de fortuna y poder que se ha apoderado de casi todo el mundo hoy en día?

Dios.: Bueno, esto no es nada nuevo. El apego a las riquezas y el afán por conseguirlas a cualquier costo ha sido un mal endémico de la sociedad en todos los tiempos. Lo peor es que con la codicia y la avaricia vienen otros males: la corrupción, el abuso de los placeres, y toda clase de vicios y pecados. Y es que el hombre engreído en las delicias y afanes de esta vida, se olvida de que sus días allá abajo están contados y de que hay otra vida, que en realidad es la verdadera vida. No se percata de que el disfrute de esta otra vida, que es eterna, y en cierto modo es mi propia vida, depende de cómo la persona se comportó en la vida temporal en ese mundo.

Estoy seguro que tú recuerdas muy bien la famosa parábola del hombre rico y Lázaro el mendigo, narrada por mi Hijo Jesucristo (Lucas 16:19-31). La lección de la misma es que no deben dejarse cautivar y polarizar de los bienes mundanales y terrenales, hasta el punto de olvidarse o desentenderse de los bienes superiores del espíritu; especialmente del supremo bien de la salvación eterna. De lo contrario, se van a llevar una sorpresa, como se la llevó el rico ambicioso de la parábola. Mi Hijo dio este sabio y práctico consejo:

«No acumulen para sí tesoros en la tierra, donde la polilla y el óxido destruyen, y donde ladrones se meten a robar. Más bien, acumulen para sí tesoros en el cielo, donde ni la polilla ni el óxido carcomen, ni los ladrones se meten a robar. Porque donde esté tu tesoro, allí estará también tu corazón» (Mateo 6:19-21).

¡Todo está en la Biblia, hijo...!

L.J.: Pues, tendré que leer la Biblia otra vez... Gracias por tu tiempo, Dios.

Dios: Hasta pronto, hijo. Y... ¡No te olvides de leer la Biblia!

Salmo al Dios de la luz

Jesús dijo: «Yo soy la luz del mundo» (Juan 8:12).

«Lámpara es tu Palabra, Señor, para mi vida,
y luz para mi camino» (Salmo 119:105).
Cuando llega la oscuridad,
pronunciar tu nombre
es como provocar una explosión de luz.

Por eso puedo cantar confiado:
«El Señor es mi luz y mi salvación;
¿a quién temeré?» (Salmo 27:1)
Él alumbra todas mis oscuridades.
Aunque atraviese «valles tenebrosos,
no temo peligro alguno,
porque tu estás a mi lado;
tu vara de pastor me reconforta» (Salmo 23:4).

Tú, Señor, estás cerca.
Caminas a mi lado.
Puedo sentir tu presencia luminosa,
que dirige mis pasos cansados,
por el sendero del bien y la virtud.

En Jesucristo, tu Hijo eterno,
Te hiciste luz, camino y vida
¿A quién vamos a ir
Si sólo tú y él «tienen palabras de vida eterna»?

XIX

Carta del alma agradecida

¹ ¡Cuán bueno, SEÑOR, es darte gracias
    y entonar, oh Altísimo, salmos a tu nombre;
² proclamar tu gran amor por la mañana,
    y tu fidelidad por la noche,
³ al son del y de la lira;
    al son del arpa y del salterio.
⁴ Tú, SEÑOR, me llenas de alegría con tus maravillas;
    por eso alabaré jubiloso las obras de tus manos.
⁵ Oh SEÑOR, ¡cuán imponentes son tus obras,
    y cuán profundos tus pensamientos!
⁶ Los insensatos no lo saben,
    los *necios no lo entienden:
⁷ aunque broten como hierba los impíos,
    y florezcan todos los malhechores,
para siempre serán destruidos.
    ⁸ Sólo tú, SEÑOR, serás exaltado para siempre.

Salmo 92:1-8

XIX

¡Gracias, Señor, por la vida!

Querido Dios:

Ayer vi salir el sol. Su rombo incandescente subió majestuoso por detrás de las colinas... Todo se volvió una algarabía imponente de colores... Y mi corazón se llenó de gratitud por la vida.

Vida en las notas de los pájaros que cantaban al amanecer.

Vida en las gotas de rocío que evaporaban su existencia ante la luz y el calor.

Vida en el campo, y en el río, en las montañas y el valle, en los animales y los hombres que despertaban al conjuro de la luz de un nuevo día.

Ahora estoy sentado aquí en la sala de mi hogar, leyendo tu Palabra, mientras mi hijo Javier corre de arriba abajo haciendo honor a sus trece años de adolescente inquieto.

Iris Athala, mi hijita de cinco, susurra canciones infantiles mientras peina y despeina, viste y desviste a sus muñecas.

En cuanto a Patricia, la mayor, cuando no estudia juiciosa sus lecciones y tareas universitarias, escribe cartas y más cartas a los amigos que dejó en Colombia y en México, o habla horas enteras por teléfono con sus nuevos amigos.

También en ellos veo el sello de tu amor, Señor. Son primero hijos tuyos que míos... El milagro de la vida que tú a cada instante realizas en tu creación, se me hace evidente en cada uno de ellos: en sus sonrisas y lágrimas; en sus anhelos y proyectos; en sus afanes y amores; en sus inquietudes y aspiraciones se siente el aliento de tu amor. En cada uno de ellos me has dado el regalo de un pedacito de tu propia vida... ésa que tú produces y compartes generosamente en tu creación: vida física, que vemos y tocamos; que se patentiza en plantas, animales y en el hombre; vida espiritual, más bella y noble que has reservado como un regalo especial para tus hijos, los mortales. Cuando presencio y medito en todo esto, me dan ganas de caer de rodillas y alabar tu nombre. Comprendo la poesía del salmista que alaba tu creación:

«Los cielos cuentan la gloria de Dios,
el firmamento proclama la obra de sus manos.
Un día comparte al otro la noticia;
una noche a la otra se lo hace saber.
Sin palabras, sin lenguaje,
sin una voz perceptible,
por toda la tierra resuena su eco,
¡sus palabras llegan hasta el fin del mundo!»

Salmo 19:1-4

«Oh Señor, soberano nuestro,
¡qué imponente es tu nombre
en toda la tierra!

»Por causa de tus adversarios
has hecho que brote la alabanza
de labios de los pequeños
y de los niños de pecho,
para silenciar al enemigo y al rebelde.»

Salmo 8:1-2

¡Vivir es maravilloso, Señor!

¡Cuántas cosas podemos hacer con la vida que tú nos has dado!

Podemos amar, compartir las emociones del corazón con otros y hacernos solidarios con sus alegrías y dolores.

Podemos servir, gastar de lo nuestro en hacer felices a otros.

Podemos construir con el trabajo y esfuerzo, un mundo mejor.

Podemos testimoniar tu sabiduría y grandeza, viviendo nuestra vida de acuerdo con tus mandamientos e informándola del mensaje de tu Palabra. Vivir es tener la oportunidad de progresar, ser felices, triunfar...

Para el cristiano, la vida es mucho más: sabe que nadie es dueño de su destino y por eso la vive aquí abajo provisionalmente, esperando la vida definitiva que tú le darás en la eternidad.

Recibe los dones de la vida como regalos tuyos para servicio de los demás.

Piensa que jamás ha llegado al fondo del deber y camina hasta el fin en busca del ideal.

Sabe que sin ti nada se puede hacer (Juan 15:5); nada eterno puede construir, y te busca afanosamente en la oración y el trabajo; en la adoración y el servicio.

Tiene la certeza de que Jesucristo, tu Hijo, desde aquí abajo construye en cada una de nuestras vidas temporales, la vida eterna.

Por eso espera... apoyado en su fe, su propia resurrección. Espera «el cielo nuevo y la tierra nueva» donde habitarán la justicia, y todo será luz y felicidad, porque tú, oh Dios, vivirás con tu pueblo, enjugarás todas las lágrimas, y «ya no habrá muerte, ni llanto, ni lamento, ni dolor, porque las primeras cosas habrán dejado de existir...»

Y como lo has prometido: «Harás nuevas todas las cosas...» (Apocalipsis 21:1-5).

¡Qué hermosa es la vida con perspectivas de eternidad...!

¡Qué bello es vivir cuando Jesucristo «es en nosotros esperanza de gloria»! (Colosenses 1:27).

¡Gracias, Señor, por la vida!

Tu hijo agradecido.

—✦—

Respuesta de Dios

Querido hijo agradecido:

¡Cómo me agradó leer tu carta!

Los corazones agradecidos y nobles que saben dar gracias, provocan mis bendiciones.

¿Recuerdas en el pasaje de los leprosos curados por mi Hijo Jesús, cómo sólo uno regresó a dar las gracias? (Lucas 17:11-19).

Esto ocurre todos los días con la mayoría de tus congéneres. Se olvidan de agradecer a quien les ha dado todo. Y este es el principio de muchos males, porque, como bien lo dice mi siervo Pablo, «a pesar de haber conocido a Dios, no lo glorificaron como a Dios, ni le dieron gracias, sino que se extraviaron en sus inútiles razonamientos, y se les oscureció su insensato corazón» (Romanos 1:21).

No es que yo necesite el agradecimiento de los hombres. Más lo necesitan ustedes los mortales. Agradecerme es reconocer que existo, y soy Dueño y Señor. Es vivir bajo la influencia de mi amor y misericordia y colocarse al amparo de mi poder y gracia. Todo esto me permite ejercer mi función de Padre, Creador y providente Cuidador de las criaturas.

Y esto hace la diferencia para muchos, pues sienten la paz y seguridad que les proporcionan mi amor y mi presencia.

Como ocurrió con Salomón, quien fue a Gabaón a ofrecerme sacrificios de alabanza y acción de gracias y a recabar mi protección; y recibió no sólo esta, sino el don de la sabiduría para gobernar a mi pueblo (1 Reyes 3:3-15). Salomón gozó de mi favor y mi asistencia hasta que se extravió de mis caminos y quiso seguir sus propios juicios y caminos, olvidándose de reconocerme.

Fue mi siervo David quien estableció la costumbre de subir en peregrinación al templo, a ofrecerme allí sacrificios de alabanza y pasar la noche en oración en busca de un oráculo, que le revelara mi voluntad. Esta bella costumbre de peregrinación al templo, descrita maravillosamente en el Salmo 91, fue desde entonces practicada por mi pueblo y por sus reyes y dirigentes.

Hoy, como ayer, hijo, siguen siendo verdad las afirmaciones y promesas cantadas por el salmista en el salmo indicado:

«Quien habita al abrigo del Altísimo
y se acoge bajo mi sombra protectora...
Yo lo libraré de las trampas del enemigo.
Hallará refugio bajo mis alas protectoras.
Yo seré su escudo y su baluarte.
No tendrá que temer el terror de la noche
ni las flechas que vuelan de día
ni la peste que acecha en la sombra
ni la plaga que destruye al mediodía.

»Ya que me ha puesto a mí como su refugio
y al Altísimo como su protección,
ningún mal le sobrevendrá,
ninguna calamidad llegará a su hogar.
Porque yo ordenaré a mis ángeles
que cuiden todos sus caminos.

»Yo lo libraré porque se ha acogido a mí,
y reconoce mi nombre.
Me invocará, y yo le responderé;
estaré con él en los momentos de angustia;
lo libraré y lo llenaré de honores.

Lo colmaré con muchos años de vida
y le haré gozar de mi salvación.»

Salmo 91.

El secreto de todo está en aprender a reconocerme; y en ser agradecidos. Por ello quiero terminar esta breve respuesta a tu carta recordándote lo que Pablo escribió a algunos colosenses que no tenían paz en el corazón, porque sus vidas no revelaban el agradecimiento que yo espero de mis criaturas y, especialmente, de las más privilegiadas de ellas, los hombres y mujeres, para quienes reservé mi mejor regalo en la persona de mi Hijo Jesucristo, portador de vida eterna y salvación:

«Vístanse de amor, que es el vínculo perfecto. Que gobierne en sus corazones la paz de Cristo...

Y sean agradecidos... canten salmos, himnos y canciones espirituales a Dios, con gratitud de corazón.

Y todo lo que hagan de palabra o de obra, háganlo en el nombre del Señor Jesús, dando gracias a Dios el Padre por medio de él» (Colosenses 3:14-17).

Tu Dios agradecido por tus agradecimientos.

Salmo del agradecimiento

«Cayó rostro en tierra a los pies de Jesús,
y le dio las gracias» (Lucas 17:16).

Señor,
todo lo hemos recibido de tu amor,
todo es regalo tuyo,
todo es expresión de tu ternura,
de tu bondad infinita.

Gracias, Señor, por la vida;
la temporal y pasajera,
y la vida eterna.
que nos llega a través de tu Hijo Jesucristo.

Gracias por nuestras familias;
por los amigos, los hermanos.
que comparten nuestros sueños,
alegrías y dolores.

Todo lo que nos rodea
es tu regalo:
la amistad y el amor,
el firmamento poblado de estrellas,
y el jardín florecido de rosas;
la caricia de la brisa,
y el resplandor del sol;
el trabajo y el descanso;

la vigilia y el sueño;
la vida y la eternidad.

Gracias, Señor,
por los mil detalles de tu tierno amor;
por estar cerca;
por permitirme hablarte,
abrirte mi corazón,
y decirte ¡Gracias!

L.J.C.

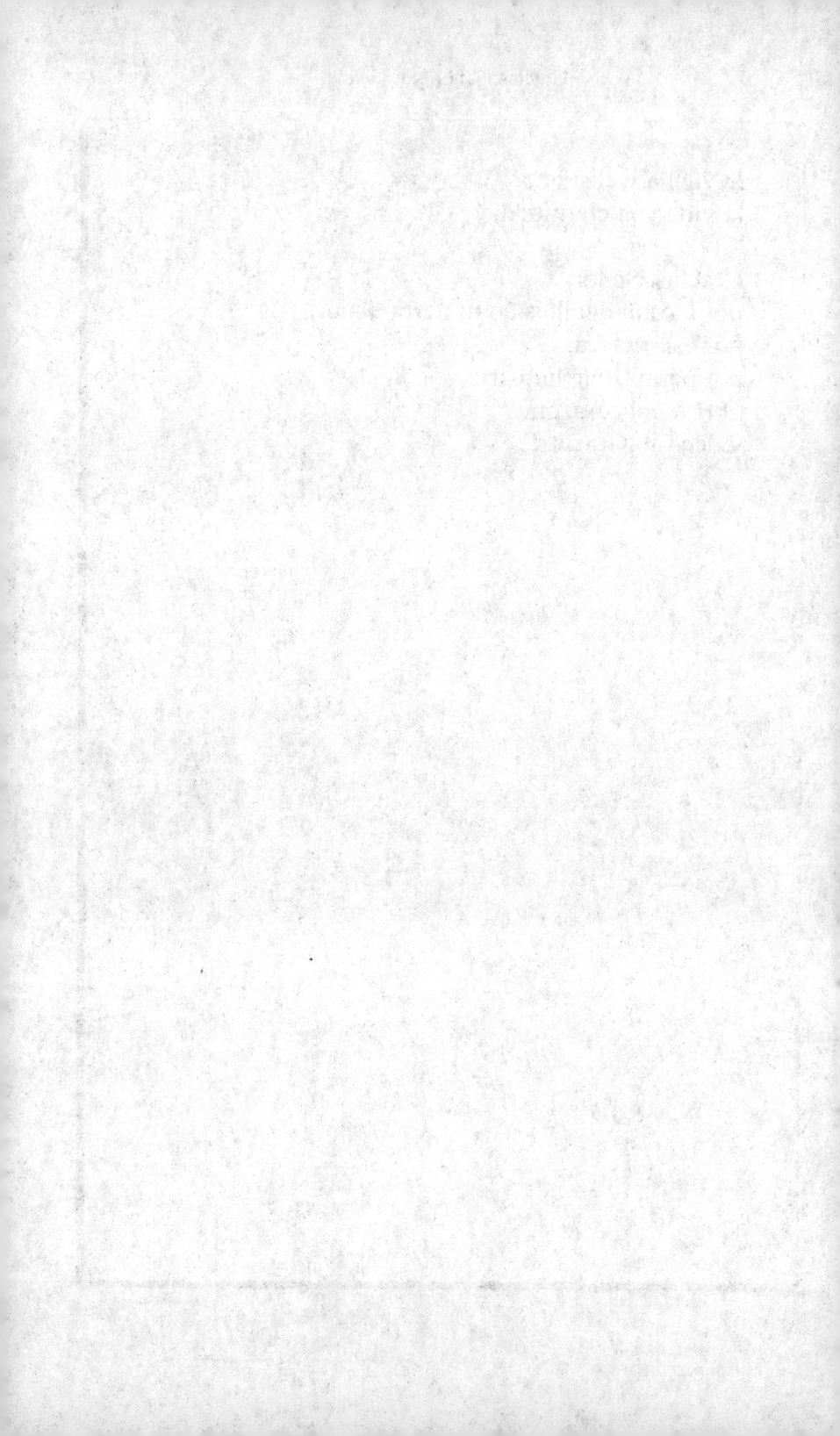

XX

Última carta

²⁵ Tú eres fiel con quien es fiel,
   e irreprochable con quien es irreprochable;
²⁶ sincero eres con quien es sincero,
   pero sagaz con el que es tramposo.
²⁷ Tú das la *victoria a los humildes,
   pero humillas a los altaneros.
²⁸ Tú, SEÑOR, mantienes mi lámpara encendida;
   tú, Dios mío, iluminas mis tinieblas.
²⁹ Con tu apoyo me lanzaré contra un ejército;
   contigo, Dios mío, podré asaltar murallas.

Salmo 18:25-29

XX

Última carta

Señor, esta es mi última carta. Esta vez no espero respuesta. Voy a buscarla yo mismo en tu Palabra y en la oración. Parece que, de tanto conversar contigo, ya como que adivino tu pensamiento. ¡Cuántas veces me has hablado, aquí adentro en el silencio de mi alma! Cuando uno se acostumbra a tu cercanía, se le hace más fácil percibir tu pensamiento. Y tú gustas que te hablemos. Tienes siempre oídos atentos para recibir nuestras cuitas. Es en esa confianza que quiero hablarte en esta mi última carta, sin respuesta.

Como me ocurre cada noche, antes de entregarme al descanso, quiero sincerarme contigo. Y, como me pasa con frecuencia, llego a esta última conversación, al final de la jornada, con sentimientos entremezclados de alegría y tristeza. Siento alegría por el bien que me has permitido realizar, los objetivos logrados, y las bendiciones recibidas. Por otra parte, debo confesar que siento mi corazón cargado. Cargado de inquietudes por las incertidumbres del «mañana», por los mil interrogantes que el futuro me depara; pero sobre todo, disgustado y frustrado por los fracasos del día. Pienso en las cosas que hice que no debía haber hecho; en las que hice mal y pude haber hecho mejor; en lo que dije y debí callar; y en lo que debí decir y no dije.

Y así como hay motivos de sobra para levantar mi espíritu, para cantarte alabanzas y darte gracias, debo humillarme,

confesar mis falencias y pedir perdón por mis desvíos y equivo-
caciones. Mi fe, sin embargo, me asegura que tú estás por encima de toda contingencia. Que me conoces bien; tu mirada pe-
netra hasta lo más recóndito de mi ser. Por eso puedo cantarte
con el salmista:

> «Señor, tú me examinas, tú me conoces.
> Sabes cuándo me siento y cuándo me levanto;
> aun a la distancia me lees el pensamiento.
> Mis trajines y descansos los conoces,
> todos mis caminos te son familiares.
> No me llega aún la palabra a la lengua,
> cuando tú, Señor, ya la sabes toda» (Salmo 139:1-4).

Pero, es más. Tú no sólo me conoces, sino que me aceptas,
así como soy, débil e imperfecto. Sé que mientras alumbre en
mi corazón una lucecita de buena voluntad, puedo contar con
tu protección. Tu gracia es generosa; y tu protección incondicio-
nal. No están tasadas por cálculos o medidas humanas. «Tu
protección me envuelve por completo; me cubres con la palma
de tu mano» (Salmo 139:5).

Tu conocimiento, amor y perdón «rebasan mi comprensión.
Son tan sublimes, que no puedo entenderlos» (v.6). Ahora comprendo por qué te haces llamar «Padre». Y por qué tu Hijo,
Jesucristo, se inventó la hermosa parábola del hijo pródigo y
del padre amoroso (Lucas 15:11-32), para describirnos tu corazón. Constatar esta divina realidad me anima a continuar en la
batalla por mejorar el paso, en el camino del bien, vivir más verídicamente tu Evangelio, y hacerme cada día más digno de tu
nombre.

Sé que puedo contar con tu ayuda. Y ante la realidad de mis
flaquezas, que, como al apóstol Pablo, me llevan casi al desespero, puedo escuchar tu voz que me asegura: «Te basta mi gracia, pues mi poder se perfecciona en la debilidad» (2 Corintios
12:8).

Estos son mis propósitos, Señor:

Conocerte mejor. Acercarme más a tu Revelación, a tu Palabra que es la que nos imparte el más fiel y exacto conocimiento de ti, de tu vida y persona, de tu pensamiento y voluntad. Como dice tu Hijo, «... son ellas, las Escrituras, las que dan testimonio en tu favor, y en favor de tu Hijo Jesucristo» (Juan 5:39).

Buscarte para dialogar más frecuentemente contigo. Seguir el ejemplo y enseñanza de Jesús, quien no sólo nos enseñó a orar con las sublimes palabras del Padre Nuestro, sino que se constituyó él mismo en el mejor ejemplo de la persona orante. Biblia y oración, dos armas formidables para avanzar en los caminos de tu voluntad, que son caminos de salvación y santidad. Las dos me ayudarán a conocerte, Señor, y a conocerme. Conocerte para alabarte y bendecirte; conocerme para mejorarme cada día, con la ayuda de tu gracia. Son además medios maravillosos para establecer una dinámica relación contigo que me mantendrá bajo tu mirada y protección, y favorecerá mi progreso en el camino de tu Evangelio. Todo esto me permitirá vivir mejor mi vida; no sólo la vida física y temporal, sino la vida del espíritu, aquella que me entronca directamente contigo, con Jesucristo, tu Hijo, y con tu Santo Espíritu. Y, una vez constituido en la más adecuada relación contigo, sé por cierto que podré relacionarme mucho mejor con mis semejantes y con el mundo que me rodea.

Quiero, pues, abrirme a ti y abrirme a mis semejantes, en un gesto de amor y confianza que me permitirá vivir una vida transparente, clara, honesta, fructífera, santa, amable y alegre. Aquí me tienes, Señor, abierto a tu mirada, y dispuesto para cumplir tu voluntad:

«Examíname, oh Dios, y sondea mi corazón;
ponme a prueba y sondea mis pensamientos.
Fíjate si voy por el mal camino,
y guíame por el camino eterno» (Salmo 139:23-24).

Súplica final

Tú me conoces, Señor,
Por eso quiero encontrarme a mí mismo,
    en tu verdad.
Quiero bajar al fondo de mi ser,
alumbrado por la luz penetrante de tu sabiduría.
Quiero descubrirme por dentro
para tomar conciencia de quien soy,
y asumir mis luces y mis sombras,
mis miedos, temores y vacilaciones.

Quiero comenzar a vivir de verdad
desde el centro renovado de mi ser,
donde se fragua el bien y el mal.
Pon sobre mí, Señor, tu mano de poder,
todo el poder transformador de tu gracia y amor.
Rompe mis cadenas de pecado;
alivia mis cansancios,
para apurar mis pasos,
en el camino de tu salvación.

Ayúdame a poner razones profundas
que me impulsen a vivir de verdad.
Que tus ojos que me miran por dentro
vigilen la nueva construcción de mi ser,
sin los halagos de piadosas vanidades,
ni las pretensiones de mentidas santidades;
confiando solo en tu gracia,

apoyado exclusivamente en Jesucristo,
profundamente afincado en la roca de tu Evangelio.

Señor, tú conoces mis desvelos, mis aspiraciones.
Ayúdame a superar la amargura de la crítica,
y las oscilaciones de las alabanzas.
Ayúdame a ser firme en mi voluntad para el bien;
a tener sanas motivaciones y claros criterios,
para vivir en pie, en libertad y verdad.

Te entrego, Señor, mi vida, hazla fecunda.
Te entrego mi voluntad, hazla idéntica a la tuya.
Toma mi corazón, hazlo ardiente,
sensible a tu amor, y al amor de mis hermanos.
Toma mis pies; hazlos incansables,
para caminar los caminos del bien y la virtud.
Toma mis ojos; hazlos transparentes de pureza.
Toma mis horas grises;
hazlas brillantes con el brillo de tu esperanza.
Toma mis desilusiones y frustraciones;
hazlos productivos para tu causa.
Toma mis veredas tortuosas;
hazlas tu camino de verdad.
Haz un tesoro de gracia, con mi pobreza.
Haz de mi nada, lo que tú quieras.

Quiero entregártelo todo:
Mi familia y amigos;
mis pecados y debilidades
mis logros y omisiones;
mis escasas realizaciones,
y frecuentes desilusiones;
mis horas de alegría y mis tristezas;

Transfórmalo todo,
como la abeja en dulce miel.
Toma mis cruces y déjame volar.
Toma mis flores marchitas y déjame ser libre.
Dame un corazón nuevo, para regalártelo a ti.
Hazme generoso en mi entrega
alegre en el servicio,
absolutamente seguro en la fe y en la esperanza,
hasta que tú decidas decir «basta» a mi vida,
des la orden de partida,
y me lleves a gozar de tu presencia,
por toda la eternidad.

L.J.C.

Nos agradaría recibir noticias suyas.
Por favor, envíe sus comentarios sobre este libro
a la dirección que aparece a continuación.
Muchas gracias.

Editorial Vida
.com

Editorial Vida
Vida@zondervan.com
www.editorialvida.com

www.ingramcontent.com/pod-product-compliance
Lightning Source LLC
LaVergne TN
LVHW030635080426
835510LV00022B/3378